# UN MUNDO DE SONIDOS B

Germán Monferrer Quintana
Juan Ángel Picazo López

ECIR
TABARCA LLIBRES
Marfil

Diseño portada: Nina Lloréns
Ilustraciones y maquetación: Esperanza Martínez Molina



I.S.B.N.: 978-84-8025-343-7
Depósito Legal: V-523-2015

Impresión:
Artes Gráficas Alcoy, SLU

Edita:
Tabarca Llibres, S.L.
Av. Ausiàs March, 184
Tel.: 96 318 60 07
www.tabarcallibres.com
46026 VALÈNCIA

# ÍNDICE

## UN MUNDO DE SONIDOS B

| UNIDADES | 1. CONTEXTO MUSICAL | 2. ESCUCHA | 3. CONTEXTO CULTURAL |
|---|---|---|---|
| UNIDAD 1<br>SENSACIONES MUSICALES<br>"El carácter de la música" | **Adjetivos** y actividades.<br><br>• **10 proyecciones.** | ***8 audiciones*** *para trabajar el carácter de la música.*<br>***Una curiosidad.*** | Proyecciones y actividades del **carácter musical** a través de la historia. |
| UNIDAD 2<br>LA FINALIDAD MUSICAL<br>"El género musical" | **Concepto** y diferentes **tipos** de género musical.<br><br>• **5 proyecciones.** | ***16 audiciones*** *para trabajar el género musical.*<br>***Una curiosidad.*** | Proyecciones y actividades del **género musical** a través de la historia. |
| UNIDAD 3<br>LATIDO MUSICAL<br>"El movimiento o *tempo*" | **Concepto** y diferentes **tipos** de movimiento o *tempo*.<br><br>• **7 proyecciones.** | ***18 audiciones*** *para trabajar el movimien-to o* tempo.<br>***Una curiosidad.*** | Proyecciones y actividades del **movimiento o *tempo*** a través de la historia. |
| UNIDAD 4<br>EL RITMO<br>"Movimiento y compás" | **Concepto** de ritmo y compás y diferentes **tipos** de ritmos y compases.<br><br>• **9 proyecciones.** | ***10 audiciones*** *para trabajar los compases.*<br>***Una curiosidad.*** | Proyecciones y actividades de los **compases** y el **ritmo** a través de la historia. |
| UNIDAD 5<br>LA INTENSIDAD DE LA MÚSICA<br>"Dinámica y matices" | **Concepto** y **tipos** de dinámica y matices.<br><br>• **7 proyecciones.** | ***18 audiciones*** *para trabajar los matices y la dinámica.*<br>***Una curiosidad.*** | Proyecciones y actividades de la evolución de los **matices** a través de la historia. |
| UNIDAD 6<br>EL COLOR DEL SONIDO<br>"La instrumentación" | Diferentes **tipos** de timbres vocales e instrumentales.<br><br>• **19 proyecciones.** | ***22 audiciones*** *para trabajar los matices y la dinámica.*<br>***Una curiosidad.*** | Proyecciones y actividades de la evolución de los **instrumentos** a través de la historia. |
| UNIDAD 7<br>LA SUCESIÓN DE LOS SONIDOS<br>"La melodía" | **Concepto** de melodía y sus diferentes **tipos.**<br><br>• **13 proyecciones.** | ***27 audiciones*** *para trabajar tipos de melodías.*<br>***Una curiosidad.*** | Proyecciones y actividades de la evolución de la **melodía** a través del tiempo. |
| UNIDAD 8<br>EL TEJIDO MUSICAL<br>"La textura" | **Concepto** de textura y sus diferentes **tipos.**<br><br>• **7 proyecciones.** | ***16 audiciones*** *para trabajar la textura.*<br>***Una curiosidad.*** | Proyecciones y actividades de la evolución de la **textura** a través del tiempo. |
| UNIDAD 9<br>ESTRUCTURAS MUSICALES<br>"La forma" | **Concepto** de forma musical y algunos de sus **tipos.**<br><br>• **6 proyecciones.** | ***55 audiciones*** *para trabajar la textura.*<br>***Una curiosidad.*** | Proyecciones y actividades de la evolución de la **forma musical** a través del tiempo. |

| 4. CREACIÓN MUSICAL | 5. INTERPRETACIÓN MUSICAL<br>Práctica instrumental | Canciones |
|---|---|---|
| • El Pentagrama.<br>• Colocación de las notas.<br>• Líneas y espacios adicionales.<br>• Las claves.<br>• Experimentando con los sonidos (actividades para pizarra digital). | Mano izquierda.<br>Mano derecha. | Nana<br>Polka<br>Carmina Burana<br>Cantiga nº 100 (2 voces)<br>Cantiga nº 100 (Instrumental Orff) |
| • Las figuras musicales.<br>• Relación entre las figuras.<br>• Las partes de las figuras.<br>• Colocación de las plicas y corchetes.<br>• Experimentando con los sonidos (actividades para pizarra digital). | Práctica del SIb. | My Heart Will Go On (2 voces)<br>Vos sur ton chemin<br>Kyrie |
| • Los signos de prolongación:<br>- La ligadura.<br>- El calderón.<br>- El puntillo.<br>- El doble puntillo.<br>• Experimentando con los sonidos (actividades para pizarra digital). | Práctica del FA# | Ghost (2 voces) (Instrumental Orff)<br>Blanca Navidad<br>Una sañosa porfía |
| • Los compases:<br>- Indicadores de compás.<br>- Compases simples.<br>- Compases compuestos.<br>• Experimentando con los sonidos (actividades para pizarra digital). | Práctica del SIb y FA# | Caresse sur l'ocean (2 voces)<br>We Are the Champions<br>El invierno |
| • Síncopas y notas a contratiempo:<br>- Pulsaciones acentuadas.<br>- Síncopas.<br>- Notas a contratiempo.<br>• Experimentando con los sonidos (actividades para pizarra digital). | Práctica del SOL# y FA# | Obladi oblada (2 voces)<br>Adagio de Barber<br>Pequeña Serenata Nocturna |
| • Las alteraciones:<br>- Tipos de alteraciones.<br>- Colocación de las alteraciones.<br>- Alteraciones accidentales y propias.<br>• Experimentando con los sonidos (actividades para pizarra digital). | Práctica de la corchea con puntillo y semicorchea. | Rocky<br>Yellow Submarine<br>Himno a la alegría (2 voces) |
| • Escalas e intervalos:<br>- Escalas.<br>- Grados de una escala.<br>- Intervalos.<br>- Tono y semitono.<br>• Experimentando con los sonidos (actividades para pizarra digital). | Práctica del MI'(agudo) | Imagine (2 voces)<br>Imagine (instrumental Orff)<br>Every Breath You Take<br>Sinfonía del Nuevo Mundo. |
| • Intervalos melódicos y armónicos.<br>• La armonía.<br>• Acordes.<br>• Experimentando con los sonidos (actividades para pizarra digital). | Práctica del DO# | Chim Chim Cher-ee (2 voces)<br>Grease<br>Gymnopédie |
| • Grupos de valoración irregular.<br>• El tresillo.<br>• Experimentando con los sonidos (actividades para pizarra digital). | Práctica del FA'(agudo) | La vida es bella (2 voces)<br>Carros de fuego<br>Suite nº 1 para pequeña orquesta |

# 1. Sensaciones musicales

## El carácter de la música

Desde tiempos muy antiguos, se ha considerado que la música posee una serie de cualidades que influyen sobre el comportamiento de las personas. Ciertas melodías, instrumentos o ritmos crean distintos estados de ánimo en el oyente: amor-odio, alegría-tristeza, ánimo-desánimo, optimismo-pesimismo..., en definitiva una infinidad de sensaciones que son capaces de afectar al ser humano tanto desde el punto de vista físico como psicológico.

Es fundamental tener un amplio vocabulario para poder decir aquello que deseamos de la forma más clara posible. Por tanto, habrá momentos donde tendremos que utilizar un lenguaje formal, en vez del lenguaje coloquial. Para ello recuerda que:

**El *lenguaje formal*** se caracteriza por un uso riguroso y cuidado del lenguaje y por la preocupación del emisor en la selección de las palabras empleadas. Se suele emplear en situaciones profesionales, en discursos y, por supuesto, en las clases.

**El *lenguaje coloquial*** es el que se suele utilizar en situaciones distendidas y entre personas que se conocen y que se tratan con cierta confianza.

## BLOQUE 1 CONTEXTO MUSICAL

El **carácter musical** es el conjunto de sensaciones, sentimientos y emociones que la música nos hace sentir cuando la escuchamos.

A continuación te facilitamos algunos adjetivos que te podrán servir para expresar mejor tus sensaciones, cuando escuches música:

**Adjetivos que sugieren tranquilidad:** calmado, sereno, plácido, relajado, pausado, reposado, sosegado, agradable, delicado, descansado, armónico, tranquilo, apacible, grato.

Proyección 1

**Adjetivos que sugieren tristeza:** apagado, monótono, melancólico, lánguido, afligido, desventurado, infeliz, desafortunado, pesaroso, apenado, consternado, atribulado, desconsolado, triste, desgraciado, atormentado, desolado.

Proyección 2

**Adjetivos que sugieren fuerza o energía:** agitado, acelerado, animado, exaltado, vigoroso, compulsivo, brioso, valeroso, vital, poderoso, enérgico, fuerte.

Proyección 3

**Adjetivos que sugieren grandeza:** espectacular, grandioso, ostentoso, deslumbrante, apoteósico, extraordinario, imponente, grandilocuente, presuntuoso, ceremonioso, espléndido, glorioso, asombroso, admirable.

Proyección 4

**Adjetivos que sugieren alegría:** simpático, gracioso, encantador, sencillo, cautivador, cómico, divertido, optimista, chispeante, fascinante, jovial, gozoso, placentero, exultante, alegre, agradable.

Proyección 5

**Adjetivos que sugieren movimiento:** rítmico, activo, movido, rápido, veloz, marcado, dinámico, impetuoso.

Proyección 6

**Adjetivos que sugieren malestar:** deprimente, horroroso, desagradable, odioso, inquietante, extraño, complicado, terrorífico, angustioso, dramático, atormentado, irritante, estridente, agresivo, fastidioso, crispado, irritado, espantado.

Proyección 7

**Adjetivos que sugieren suspense:** estresante, impactante, misterioso, excitante, nervioso, fatigoso, tenso.

Proyección 8

Realiza las cuestiones planteadas en el CUADERNO DE ACTIVIDADES.

págs. 6-7

Ahora que ya conoces los diversos aspectos relativos al **carácter**, vamos a distinguirlos auditivamente a través de algunos fragmentos musicales.

págs. 8-12

**Realiza las cuestiones planteadas en el CUADERNO DE ACTIVIDADES.**

## UNA CURIOSIDAD

Hoy en día se ha comprobado científicamente que el carácter de la música influye sobre la bioquímica de nuestro organismo, variando el ritmo cardíaco y la respiración, lo cual se debe a la capacidad de sugestión que tiene la música. Sin embargo, de todas estas propiedades se sabía mucho hace miles de años. Un ejemplo de ello lo encontramos en Esparta donde se empleaban, para la formación de las tropas, una serie de melodías concretas destinadas a influir en el ánimo de los guerreros, incitándolos a la lucha y preparándolos para la dura batalla.

Proyección 9

## BLOQUE 3 CONTEXTO CULTURAL

A través del carácter de la música se puede incidir sobre ciertos aspectos de la conducta humana. A continuación comprobarás el carácter que la música tiene en los distintos períodos de la Historia.

### SIGLOS V-XIV

#### ✓ En la Edad Media

Con una ausencia de instrumentos y voces femeninas que podían distraer a los fieles, la música religiosa está destinada a la oración y comunicación con Dios, a través de cantos *tranquilos, relajados, pausados, sosegados, apacibles, reposados, calmados*..., destinados a la meditación y al recogimiento del ser humano. Cantados en latín y *a cappella*, sirven para evangelizar al pueblo e inculcar las ideas de la Iglesia Católica de una manera que resulte efectiva y al mismo tiempo, agradable a las gentes de la época.

### SIGLOS XV-XVI

#### ✓ En el Renacimiento

La música religiosa evoluciona hacia una mayor complejidad técnica a través de una música *expresiva, agradable, gozosa* y *clara* en el texto, con un claro objetivo: inculcar y reafirmar la fe cristiana en los fieles, sobre todo en la Iglesia Católica, donde se busca contrarrestar las nuevas ideas surgidas de la reforma protestante, tras la ruptura de la unidad de Iglesia con las ideas revolucionarias de Lutero, creador de la Iglesia Protestante.

### 1600-1750

#### ✓ En el Barroco

Una música *espectacular, grandiosa, ostentosa, imponente, apoteósica, asombrosa, espléndida*... y extraordinariamente *complicada*, al servicio del poder, del lujo y de la ostentación, forma parte de grandes espectáculos civiles que deslumbran e impresionan a las gentes de la época, mostrando así, la grandeza de las clases poderosas. En el ámbito religioso, el clero emplea la música para mostrar la grandiosidad y el poder de Dios, en grandes ceremonias que asombran a los fieles cristianos.

**1750-1800**

### ✓ En el Clasicismo

Existe una música *sencilla, clara, agradable, contenida, moderada, ordenada*..., que busca más la elegancia y el buen gusto que la espectacularidad y la grandilocuencia del período anterior, siguiendo los ideales de la cultura clásica de Grecia y de Roma, donde la razón y la inteligencia brillan al servicio de la belleza y del equilibrio.

**SIGLO XIX**

### ✓ En el Romanticismo

En una época en la que las gentes buscan, a través de la música, romper con el equilibrio del período anterior y expresar los sentimientos de una forma extrema y apasionada, surge una música *sentimental, complicada, cambiante, exaltada, vigorosa, vital, poderosa, acelerada*..., que refleja de forma abrupta los sentimientos, emociones y estados de ánimo cambiantes del ser humano.

**SIGLO XX-XXI**

### ✓ En el siglo XX y hasta la actualidad

La crisis provocada por la I y II Guerra Mundial, desata en la sociedad nuevos planteamientos sociales y morales nunca contemplados hasta ahora. La música experimental aporta novedosas combinaciones de sonidos que crean en el oyente sensaciones musicales, en ocasiones *extrañas, desconcertantes, inquietantes, impactantes*..., que abocará al público de la época a experiencias musicales nunca vividas hasta el momento.

**Realiza las cuestiones planteadas en el CUADERNO DE ACTIVIDADES.** **pág. 13**

Proyección 10

# BLOQUE 4 CREACIÓN MUSICAL

## EL PENTAGRAMA. Las líneas y los espacios

El **pentagrama** es el soporte donde se escribe la música. Consiste en 5 líneas horizontales y paralelas, donde se colocan los distintos signos musicales.

Las líneas (5) y los espacios (4) se cuentan de abajo hacia arriba quedando de la siguiente manera:

**Líneas**

**Espacios**

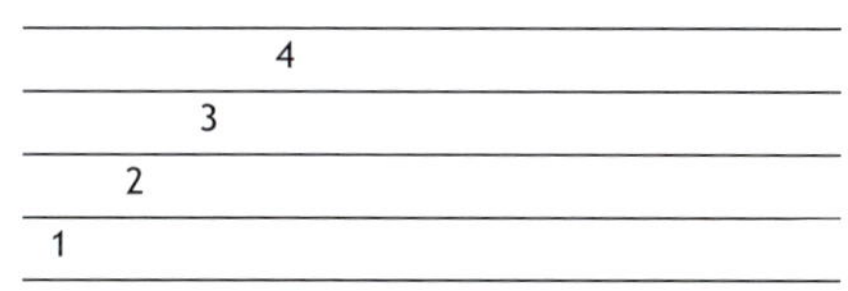


## LA COLOCACIÓN DE LAS NOTAS EN EL PENTAGRAMA. El nombre de los sonidos

Las notas reciben su nombre dependiendo de su situación en el pentagrama. Así, estos signos se repartirán entre las líneas y los espacios que hemos visto anteriormente quedando su colocación y nombre de la siguiente manera:

## LOS SONIDOS QUE NO CABEN EN EL PENTAGRAMA. Líneas y espacios adicionales

Las notas que por ser demasiado graves o agudas no caben en el pentagrama, se han de escribir fuera de él. Para ello se utilizan las llamadas líneas o espacios adicionales que son unas líneas imaginarias que solamente aparecen junto a la nota musical. Este tipo de líneas o espacios se numeran en la medida en que se alejan del pentagrama.

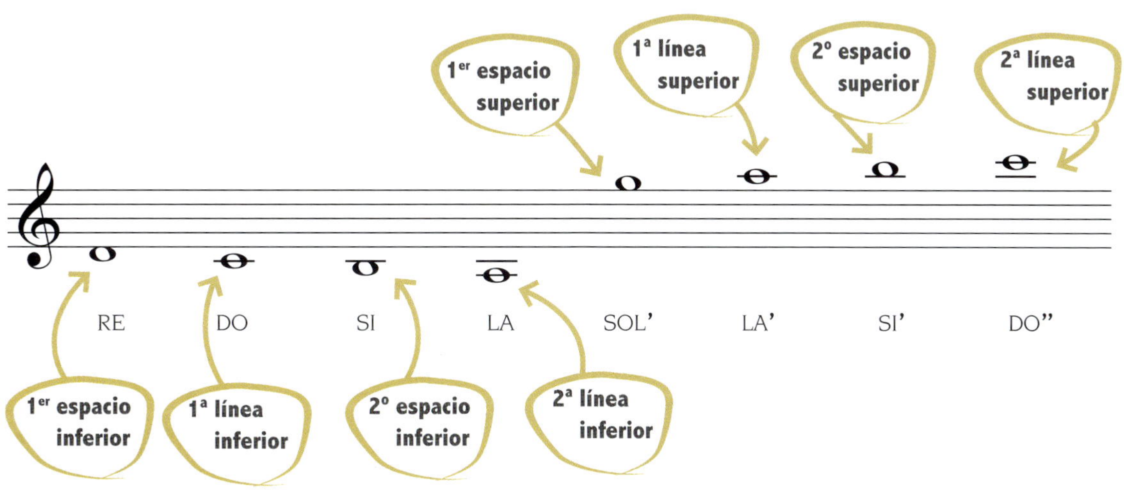

## HABLAMOS EN CLAVE. Las claves en la música

Las **claves** son los signos que se colocan al inicio del pentagrama y que determinan el nombre de las notas. La más utilizada es la llamada Clave de Sol, en 2ª línea.

Aquí tienes cómo se representa:

Pero, además, tienes que saber que existen otras claves cuya finalidad es facilitar la escritura musical de notas que aparecerían escritas con muchas líneas adicionales y que resultarían difíciles de leer. Con la utilización de las claves podemos conseguir que una nota escrita en una determinada línea o espacio tenga nombres distintos.

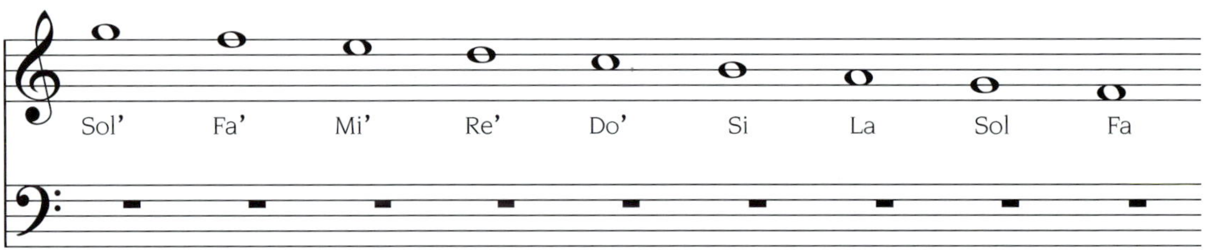


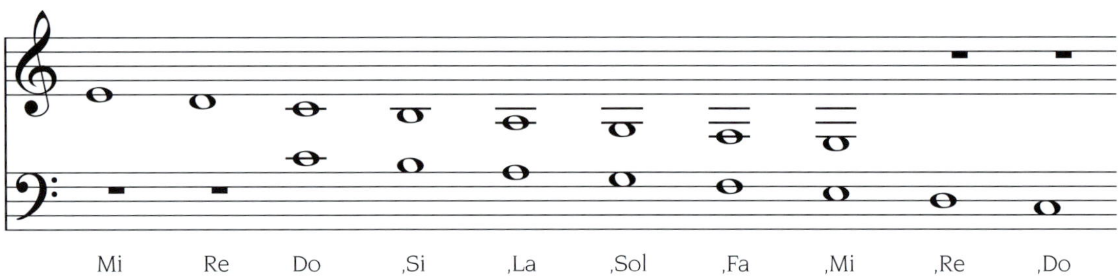


Después de la Clave de Sol, la más utilizada es la Clave de Fa en 4ª línea, que es la que se emplea para los instrumentos más graves.

Aquí tienes como se representa:

Para que tengas conocimiento de que existen otras claves, aquí tienes su nombre y cómo se representan:

Do 1ª    Do 2ª    Do 3ª    Do 4ª    Fa 3ª

Realiza las cuestiones planteadas en el CUADERNO DE ACTIVIDADES. págs. 14-17

## BLOQUE 5 INTERPRETACIÓN MUSICAL

En este bloque se plantearán para ésta y el resto de unidades, actividades instrumentales de tipo melódico que te ayudarán a abordar con éxito las interpretaciones que te propondremos.

### PRÁCTICA INSTRUMENTAL

Practicamos con la mano derecha y con la izquierda.

PRÁCTICA 1

**Mano izquierda**

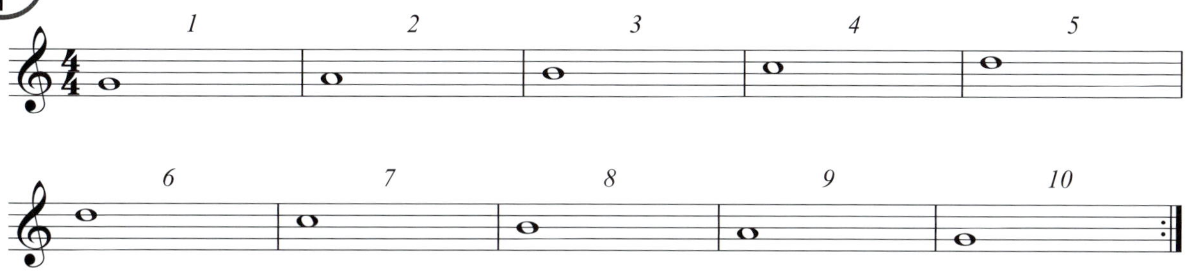


PRÁCTICA 2

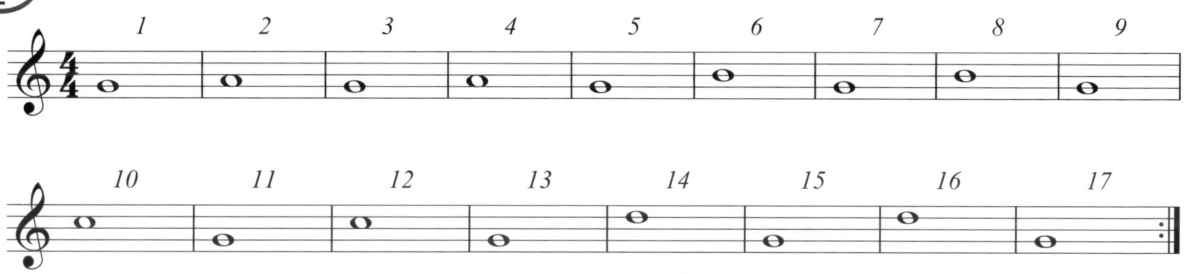


PRÁCTICA 3

**Mano derecha**

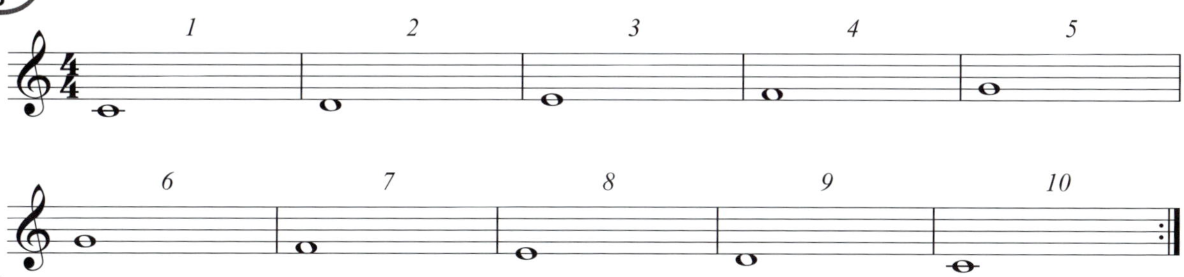


PRÁCTICA 4

Con la mano izquierda

PRÁCTICA 5

# Nana

*Tradicional*

Con la mano izquierda

PRÁCTICA 6

# Polka

*Tradicional*

## CANCIONES

# O Fortuna (Carmina Burana)

*Carl Orff*

FLAUTA 2

Las Cantigas de Santa María son obras dedicadas a la Virgen, compuestas hacia la segunda mitad del siglo XIII, bajo la dirección del rey Alfonso X el Sabio, autor de la obra que interpretarás a continuación. Se trata de la Cantiga número 100 y la temática general de estas canciones es la narración de milagros acontecidos por la intervención de la Virgen.

## *Santa María Strela do día* *Alfonso X el Sabio* **Flauta 1**

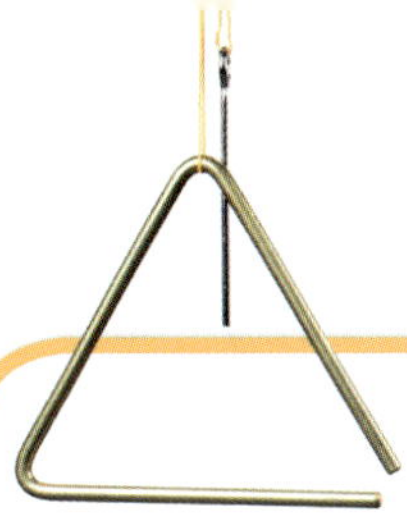

## INTERPRETACIONES PARA INSTRUMENTAL ORFF

En este apartado te proponemos la interpretación con el instrumental Orff de una pieza musical que puedes descargar de la página www.tabarcallibres.com

Flauta 2 **Santa María Strela do día** *Alfonso X el Sabio*

# 2. La finalidad musical

## El género musical

La música está presente en la vida de los seres humanos desde el inicio de los tiempos. Los acontecimientos sociales, los momentos de ocio o las necesidades personales culturales suponen un amplio espacio en el que tienen cabida diferentes tipos de música.

Una música que, como verás, es necesario clasificar en función de la finalidad para la que ha sido creada y que responde a una serie de condicionantes que el compositor tiene en cuenta en el momento de su concepción.

A continuación comprobarás que cuestiones como el ***ámbito*** (entorno al que se dirige la composición), la ***instrumentación*** (tipos de instrumentos destinados a su interpretación) y la ***funcionalidad*** (potenciando, a través de la música, un mensaje concreto) son elementos esenciales para el compositor a la hora de materializar su idea musical.

**BLOQUE 1 CONTEXTO MUSICAL**

El **género musical** es el resultado de la clasificación de distintos tipos de música en función de la finalidad o del objetivo para los que ha sido creada.

## El ámbito

Se trata de una cuestión esencial para el compositor, ya que es necesario determinar cuál va a ser el ámbito o el entorno al que va dirigida su composición.

Atendiendo a esto hay que distinguir entre distintos tipos de géneros:

### 1. GÉNERO RELIGIOSO

Se trata de música destinada a ser interpretada dentro del ámbito religioso y en él encontramos dos modalidades:

- **Litúrgico**

  Son composiciones empleadas en actos religiosos donde forman parte de la liturgia, como por ejemplo el canto gregoriano o partes de la Santa Misa.

- **No litúrgico**

  Son composiciones que, aunque tienen un carácter religioso, no forman parte de la liturgia. Un ejemplo son los villancicos que se interpretan en Navidad.

Proyección 1

## 2. GÉNERO PROFANO

Se trata de música que no tiene una finalidad religiosa y que está destinada al entretenimiento o a la formación cultural. En este género encontramos:

- **Música popular** (música comercial y folclórica)

  Comprende tanto aquellas composiciones destinadas al entretenimiento y al consumo del gran público (música comercial: grupo de rock), como las derivadas del folclore popular (música folclórica: sevillana).

- **Música culta**

  Asociada al concepto de música clásica o "*música seria*", es reflejo del ambiente cultural de la época concreta en que fueron creadas. Un ejemplo de este tipo de género es un *concierto para piano*.

Proyección 2

## *La instrumentación*

En este apartado el compositor se plantea cuáles son los instrumentos que utilizará (voces y/o instrumentos) y los que mejor se pueden ajustar a su idea musical. Así podemos encontrar los siguientes géneros:

### 1. VOCAL

Música donde aparecen exclusivamente voces humanas, *a cappella* como por ejemplo una coral.

### 2. INSTRUMENTAL

Música en la que intervienen únicamente instrumentos y que puede ser:

- **Pura**

  Aquella música que representa elementos puramente musicales, como por ejemplo la interpretación de un *concierto para violín y orquesta.*

- **Descriptiva**

  Música que describe aspectos extramusicales, como por ejemplo "Pacific 231" de A. Honneger, donde el compositor describe musicalmente el sonido de una locomotora en movimiento.

### 3. MIXTA

Música en la que intervienen tanto voces como instrumentos. Un ejemplo de este género es la música interpretada por un grupo de música pop.

Proyección 3

# *La funcionalidad*

La música es un elemento esencial en numerosas y variadas manifestaciones de nuestra sociedad actual. El cine, la publicidad y el teatro presentes en algunos momentos de nuestras vidas, utilizan la música para potenciar su mensaje a través de los siguientes géneros musicales:

### 1. CINEMATOGRÁFICO

Mediante el empleo de la música en las bandas sonoras de las producciones cinematográficas, se refuerza el mensaje de las imágenes y se potencian los sentimientos y emociones del espectador, de acuerdo con lo establecido en el guión.

### 2. PUBLICITARIO

La música juega un papel fundamental en la captación de un posible consumidor promocionando, a través de una música sugestiva, las cualidades de un producto concreto.

### 3. ESCÉNICO

Forma parte de aquellas manifestaciones artísticas que presentan una puesta en escena. Un ejemplo de ello es una manifestación muy de moda en nuestros días: el *musical*.

Proyección 4

## Cuadro-resumen de los géneros musicales

**SEGÚN EL ÁMBITO**

| Religioso | Profano |
|---|---|
| Litúrgico | Popular (comercial/folclórico) |
| No litúrgico | Culto |

**SEGÚN LA INSTRUMENTACIÓN**

| Vocal | Instrumental | Mixto |
|---|---|---|
| *A cappella* | Puro | Voces e instrumentos |
| | Descriptivo | |

**SEGÚN LA FUNCIONALIDAD**

| Cinematográfico | Publicitario | Escénico |
|---|---|---|
| Bandas sonoras | Anuncios | Dramatizaciones |

Realiza las cuestiones planteadas en el CUADERNO DE ACTIVIDADES.

págs. 18-19

Ahora que ya conoces los diversos aspectos relativos al **género**, vamos a distinguirlos auditivamente a través de algunos fragmentos musicales.

págs. 20-27

Realiza las cuestiones planteadas en el CUADERNO DE ACTIVIDADES.

## UNA CURIOSIDAD

Dentro del género publicitario, el compositor explota toda la capacidad persuasiva que posee la música para captar la atención y hacer más atractivo el producto promocionado.

Según estudios realizados, la música favorece los procesos de memorización de la marca, a la vez que potencia la imagen del producto. Además es capaz de funcionar como un slogan auditivo, influyendo en la imagen de la marca y atribuyéndole determinados valores.

Proyección 5

## BLOQUE 3 CONTEXTO CULTURAL

La música ha sido clave dentro del desarrollo social y, por eso, desde tiempos muy antiguos, el ser humano ha otorgado a la música un claro objetivo o una finalidad concreta.

A continuación vamos a comprobar la funcionalidad de la música (**género**) en los distintos períodos de la Historia.

### SIGLOS V-XIV

#### ✓ En la Edad Media

- El papa san Gregorio Magno convierte al canto gregoriano en el canto oficial de la Iglesia Cristiana con la finalidad de ser interpretada, en su mayor parte, durante la celebración de la Misa.
- Paralelamente se desarrolla música destinada a la diversión y entretenimiento interpretada por juglares y trovadores en pueblos y palacios.

### SIGLOS XV-XVI

#### ✓ En el Renacimiento

- La música religiosa continúa estando al servicio de Dios y ligada al culto religioso, con una gran profundidad y claridad en el texto, para que pueda ser comprendido por las gentes.
- La música profana se interpreta en actos sociales de gran relevancia en cortes y palacios, con temas muy variados como el amor, la fiesta, la naturaleza, por eso han de ser claros y transparentes.

### 1600-1750

#### ✓ En el Barroco

- Tanto la música vocal como la instrumental tenían como objetivo la diversión y entretenimiento de las clases sociales altas.
- La Iglesia sigue empleando la música como el vehículo ideal para inculcar sus ideas, a través de espectaculares ceremonias religiosas que impresionan a los fieles.

### ✓ En el Clasicismo

Existe una música compuesta para las clases altas, pero también para ricos burgueses (comerciantes, banqueros, industriales...), sobre todo instrumental, destinada a su entretenimiento y la diversión.

### ✓ En el Romanticismo

Una música extremadamente apasionada y cambiante servirá al objetivo de la máxima expresividad a través, sobre todo, de la música instrumental, surgiendo el género descriptivo, donde los compositores cuentan una historia, describen paisajes, etc. sin necesidad de palabras "sólo con sonidos".

**Realiza las cuestiones planteadas en el CUADERNO DE ACTIVIDADES.** **pág. 28**

Proyección 6

# BLOQUE 4 CREACIÓN MUSICAL

## LAS FIGURAS MUSICALES

Las figuras musicales son los signos por los que se representan las distintas **duraciones de los sonidos**.

Redonda · Blanca · Negra · Corchea · Semicorchea · Fusa

Del mismo modo que existen unas figuras que representan la duración del sonido, también están las que representan la **duración del silencio**.

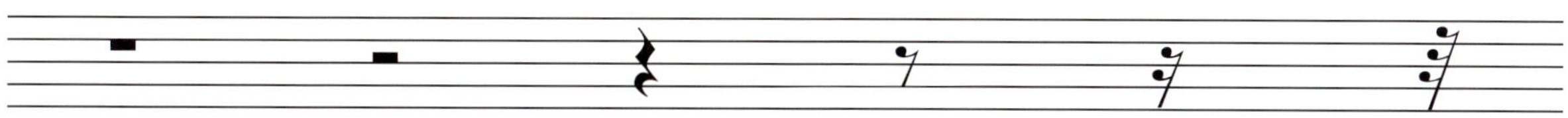

Redonda · Blanca · Negra · Corchea · Semicorchea · Fusa

## RELACIÓN ENTRE LAS FIGURAS

Si te fijas en el cuadro anterior, la figura de mayor duración es la redonda y, a medida que avanzamos hacia la derecha, su duración es la mitad de la anterior. La relación entre figuras queda de la siguiente manera:

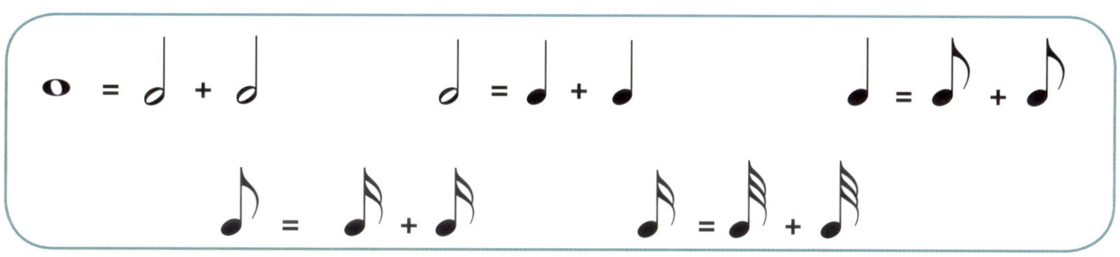

La relación entre los silencios sería la misma.

## LAS PARTES DE LAS FIGURAS

Cada parte de una figura musical tiene un nombre.

El "palito" vertical que nos indica la duración de la figura se llama **plica**.

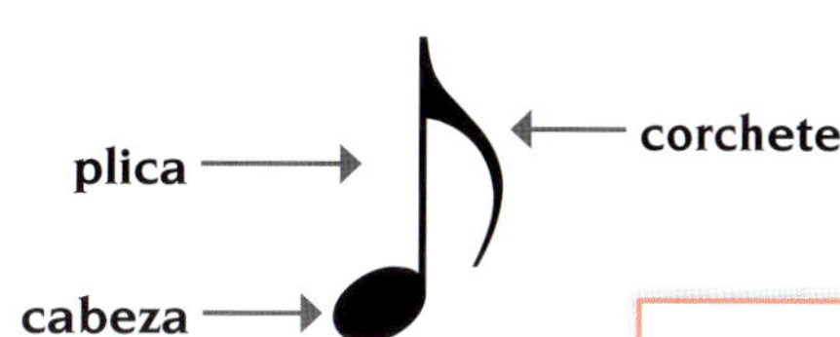


A partir de la corchea las figuras llevan uno o más **corchetes**.

La parte redonda de la figura y la que nos indica el nombre del sonido se llama **cabeza**.

No todas las figuras están compuestas por las mismas partes.

La redonda sólo tiene cabeza blanca.

La blanca tiene cabeza blanca y plica.

La negra tiene cabeza negra y plica.

La corchea tiene cabeza, plica y corchete.

La semicorchea tiene cabeza, plica y doble corchete.

A partir de las corcheas, las figuras se pueden agrupar mediante barras de unión, teniendo tantas barras como corchetes.

 una barra de unión  doble barra de unión

## COLOCACIÓN DE LAS PLICAS Y CORCHETES

Cuando se escriben las figuras en el pentagrama, intentaremos que las **plicas** no sobresalgan demasiado.

✓ Cuando las notas son **agudas** (a partir de la 3ª línea) las plicas se escriben **hacia abajo**.

✓ Cuando las notas son **graves** (a partir de la 3ª línea) las plicas se escriben **hacia arriba**.

Ten en cuenta dos observaciones:

1. En los sonidos agudos la plica se coloca a la **izquierda** de la cabeza y en los graves a la **derecha**.
2. El SI, al encontrarse en el centro del pentagrama, se puede poner tanto con la plica a la **derecha** como a la **izquierda**.

En cuanto a los **corchetes**, **siempre se colocan a la derecha** de la plica, independientemente de que sean sonidos agudos o graves.

 Observa que, mientras la **plica** se coloca en lugar diferente, dependiendo de la altura del sonido, el **corchete** siempre está a la derecha de la figura.

**Realiza las cuestiones planteadas en el CUADERNO DE ACTIVIDADES.**

**págs. 29-31**

# BLOQUE 5 INTERPRETACIÓN MUSICAL

En este Bloque se plantearán actividades instrumentales de tipo melódico, que te ayudarán a abordar con éxito las interpretaciones que te propondremos.

## PRÁCTICA INSTRUMENTAL

### Practicamos el Si bemol

PRÁCTICA 7

PRÁCTICA 8

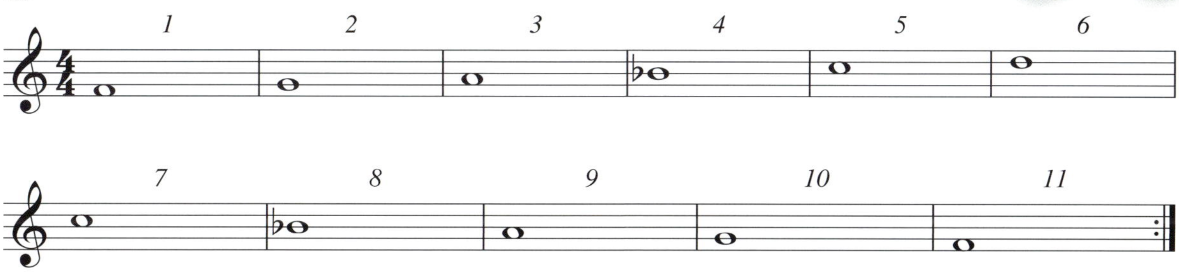

# My Heart Will Go On

James Horner

Flauta 2 **My Heart Will Go On** *James Horner*

# Vos sur ton chemin

Bruno Coulais

FLAUTA 4

**"Kyrie Eleison"** corresponde a los dos primeras palabras de una invocación en griego que significa **"Señor ten piedad"** y es reflejo del espíritu de arrepentimiento en la oración. Esta interpretación recrea una de las antiguas procesiones medievales en las que se interpretaba el Kyrie, donde podrás escuchar el bullicio de las gentes y el repicar de las campanas de la iglesia, que se mezcla con las voces de los penitentes.

## *Kyrie*

*Anónima*

# 3. Latido musical

## El movimiento o tempo

Son muchas ocasiones en las que, casi sin darte cuenta, has movido el pie o la cabeza al ritmo de tu música preferida.

Ha sido en este momento cuando, de forma instintiva, has logrado descubrir una especie de latido regular y constante, sobre el que se deslizan los sonidos musicales.

En las siguientes páginas centraremos nuestros esfuerzos en descubrir esa fuerza interna que constituye el motor de la música.

Conocerás que una obra musical puede presentar distintos grados de velocidad según los diferentes *latidos* que expresa y aprenderás cada uno de los términos musicales que sirven para definir a cada uno de ellos.

De esta manera conseguirás poder establecer una clasificación en cuanto al movimiento o *tempo*, aplicable a cualquier música que puedas escuchar.

## BLOQUE 1 CONTEXTO MUSICAL

El **movimiento** o ***tempo*** es la velocidad con la que se interpreta una obra musical.

Para determinar el grado de velocidad es necesario encontrar la ***pulsación***, esa especie de latido regular y constante que encontramos al mover el pie, la mano o la cabeza, al son de la música.

Hay ocasiones en que la música que escuchamos presenta una pulsación muy fácil de seguir, ya que se mantiene en todo momento de forma permanente y constante. En estos casos decimos que esa obra musical presenta una ***pulsación regular*** o un ***movimiento uniforme***.

En este tipo de obras el compositor nos indica mediante los **términos de movimiento** o ***tempo* uniforme**, de forma clara, el grado de velocidad con que desea que se interprete.

## 1. TÉRMINOS DE MOVIMIENTO O *TEMPO* UNIFORME:

Indicados mediante el uso de palabras italianas sobre el pentagrama y al inicio de la obra, señalan al intérprete que el grado de velocidad se mantendrá constante durante toda la obra, mientras no se indique lo contrario.

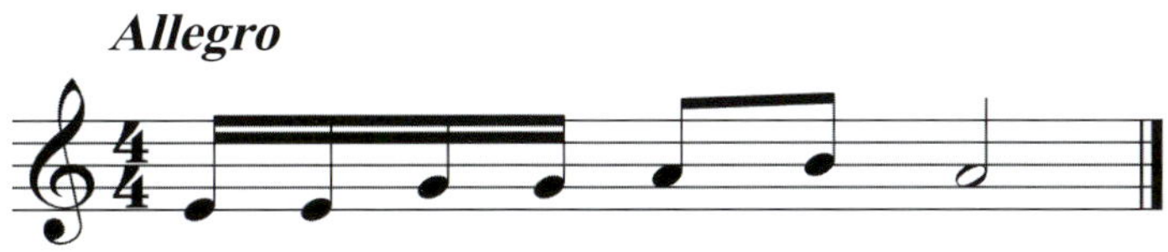


A continuación te facilitamos algunos **términos de movimiento** o ***tempo* uniforme** ordenados de más lento a más rápido:

- ***Grave, largo, lento:*** muy despacio
- ***Adagio:*** despacio
- ***Andante:*** pausado
- ***Allegro:*** rápido
- ***Vivo, vivace, presto:*** muy rápido

A los términos anteriores se pueden añadir términos **superlativos** (acabados en *-issimo*) y **diminutivos** (acabados en *-etto*), que sirven para aumentar y disminuir el grado de velocidad.

- ***Allegretto*** significa menos rápido que Allegro
- ***Allegríssimo*** significa más rápido que Allegro

Además existen **adverbios** que amplían o reducen el sentido de la velocidad al combinarlos con los términos de movimiento o *tempo* uniforme anteriores:

| | | |
|---|---|---|
| **Assai** (bastante) | **Molto** (mucho) | **Poco** (poco) |
| **Non troppo** (no demasiado) | **Non tanto** (no tanto) | |
| **Quasi** (casi) | **Più** (más) | **Meno** (menos) |

Proyección 1

Además debes saber que las indicaciones de movimiento uniforme pueden ser medidas con el **metrónomo** haciendo corresponder cada indicación de movimiento o *tempo* con un número de pulsaciones por minuto. Aquí tienes una referencia:

| | | | |
|---|---|---|---|
| Largo 40-60 | Adagio 66-76 | Moderato 108-120 | Presto 168-200 |
| Larghetto 60-66 | Andante 76-108 | Allegro 120-168 | Prestíssimo 200-208 |

Proyección 2

Sin embargo, hay otras ocasiones en que el compositor, para conseguir una mayor expresividad, no desea que la velocidad se mantenga de forma constante durante toda la obra. En estos casos la pulsación es más difícil de encontrar, ya que suele cambiar de forma frecuente, y por eso diremos que esa obra musical presenta una ***pulsación irregular*** o un ***movimiento variable***.

En este tipo de obras el compositor nos indica, de forma clara y mediante los **términos de movimiento** o ***tempo* variable** correspondientes el grado de variación de la velocidad.

## 2. TÉRMINOS DE MOVIMIENTO O *TEMPO* VARIABLE

En este caso el compositor decide introducir variaciones dentro de la velocidad uniforme, haciendo uso de términos que implican un aumento o una disminución gradual de la velocidad establecida.

A continuación te presentamos cuatro de los más utilizados, aunque hay muchos más:

- ***Ritardando (rit.)*** o ***Rallentando (rall.)*** indica una disminución progresiva de la velocidad.
- ***Accelerando (accel.)*** o ***Animando (anim.)*** indica un aumento progresivo de la velocidad.

Proyección 3

## 3. TÉRMINOS DE MOVIMIENTO O *TEMPO* LIBRE

En ocasiones el compositor, para conseguir una mayor expresividad, decide dejar en manos del intérprete o del director la velocidad de la obra. Para ello es necesario suspender, de forma momentánea, la regularidad del movimiento o *tempo*. En estos momentos se emplean términos como éstos, de entre otros muchos más existentes:

- ***Ad libitum*** (*ad lib.*) significa "a voluntad".
- ***A piacere*** significa "a placer".

Proyección 4

## 4. TÉRMINOS DE RESTABLECIMIENTO DEL MOVIMIENTO O *TEMPO*

Del mismo modo que existen términos que consiguen variar el *tempo* uniforme, también existen otros términos que restablecen el *tempo* a su velocidad inicial. Siempre aparecerán después de que hayan aparecido términos, como los tres anteriores, que lo modificaban:

- ***A tempo*** (*a tpo.*) significa "a tiempo".
- ***In tempo*** significa "mismo movimiento".

Proyección 5

A continuación te presentamos un cuadro-resumen de los términos que hemos estudiado.

### TÉRMINOS DE MOVIMIENTO UNIFORME

Indican una velocidad constante durante toda la obra

✓ • **Largo, lento, grave** *(muy lento)* • **Adagio** *(despacio)* • **Andante** *(velocidad media)* • **Allegro** *(rápido)* • **Vivo, vivace, presto** *(muy rápido)*

✓ Términos que acaban en *-issimo* e indican un aumento del grado de velocidad. Ej. *Vivacissimo*

✓ Términos que acaban en *-etto* e indican una disminución del grado de velocidad. Ej. *Adagietto*

✓ Adverbios que se combinan con este tipo de términos para indicar de forma precisa el grado de velocidad:

**Assai** *(bastante)*, **Molto** *(mucho)*, **Poco** *(poco)*, **Non troppo** *(no demasiado)*, **Non Tanto** *(no tanto)*, **Quasi** *(casi)*, **Più** *(más)*, **Meno** *(menos)*

### TÉRMINOS DE MOVIMIENTO VARIABLE

Introducen cambios ocasionales en la velocidad general de la obra

✓ aumentan progresivamente la velocidad: **Accelerando** (accel.) - **Animando** (anim.)
✓ disminuyen progresivamente la velocidad: **Ritardando** (rit.) - **Rallentando** (rall.)

### TÉRMINOS DE MOVIMIENTO LIBRE

Dejan en suspenso la indicación de *tempo* inicial

✓ **Ad libitum** (ad lib.)
✓ **A piacere**

### TÉRMINOS DE RESTABLECIMIENTO DEL MOVIMIENTO

Restablecen el *tempo* inicial

✓ **A tempo** (a tpo.)
✓ **In tempo**

**págs. 32-33**

Realiza las cuestiones planteadas en el CUADERNO DE ACTIVIDADES.

Ahora que ya conoces los diversos términos de **movimiento** o ***tempo*** empleados para indicar la velocidad a la que se desarrolla una obra musical, vamos a distinguirlos auditivamente a través de algunos fragmentos musicales.

págs. 34-41

**Realiza las cuestiones planteadas en el CUADERNO DE ACTIVIDADES.**

## UNA CURIOSIDAD

Para fijar con precisión matemática el movimiento o *tempo* de una obra musical, se inventó un aparato llamado Metrónomo, una cajita de forma piramidal con un mecanismo de relojería que movía un péndulo con un contrapeso movible y cuyas oscilaciones por minuto estaban indicadas en una tabla numérica colocada detrás. Así, una figura musical se hacía corresponder con un número de oscilaciones por minuto y se podía establecer un *tempo* concreto. A este sistema se le denomina Indicación Metronómica. El inventor fue Sauver, aunque posteriormente fue perfeccionado por Maëlzel, quien creó en 1820 la forma actual que hoy en día conocemos. Actualmente se fabrican también de tipo electrónico con una tecnología digital. Su empleo está tan extendido que incluso se han realizado composiciones musicales en las que interviene como único "instrumento solista", tal y como puedes observar en la siguiente proyección.

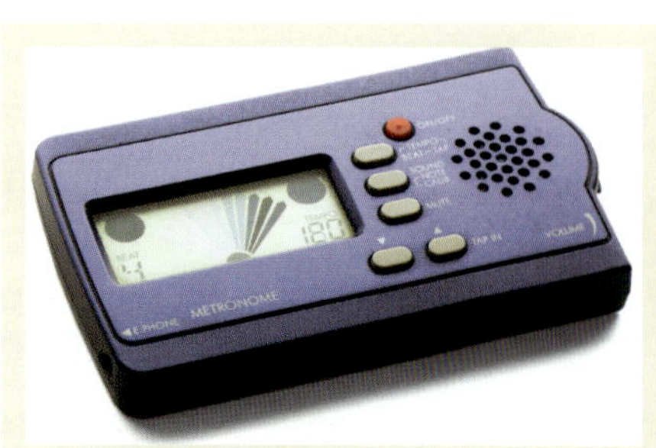

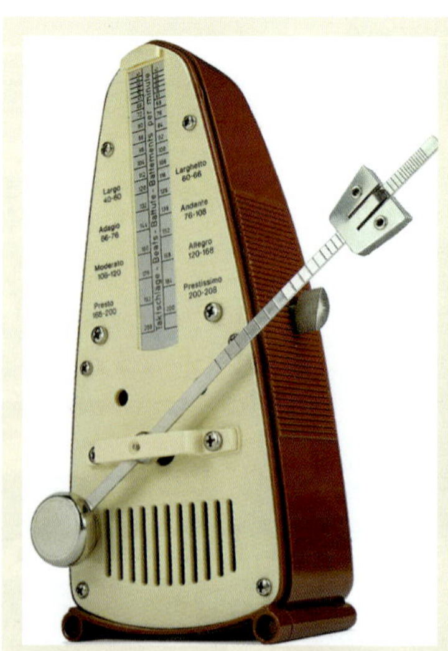

Proyección 6

## BLOQUE 3 CONTEXTO CULTURAL

La expresividad de la música depende, entre otros muchos factores, del grado de velocidad con que se interpreta. Los compositores de todos los tiempos han explotado este elemento, incidiendo sobre ciertos aspectos rítmicos para transmitir distintas emociones y sentimientos. A continuación conocerás el tratamiento que del **movimiento** o ***tempo***, se ha dado en los distintos períodos de la Historia.

### SIGLOS V-XIV

#### ✓ En la Edad Media

Sin las indicaciones de movimiento o *tempo* actuales, en la música religiosa, el ritmo se desarrolla en función del texto.

Paralelamente, la música profana de los juglares y trovadores destinada a la diversión y entretenimiento, presenta una pulsación más uniforme que la religiosa ya que está influida por la danza.

### SIGLOS XV-XVI

#### ✓ En el Renacimiento

En la música religiosa continúan sin especificarse los términos de movimiento, que dependen del contenido de la obra y de su forma de expresarla, aunque surge el "tactus" (una especie de patrón rítmico).

En la música profana el uso de la música en acontecimientos sociales donde están muy presentes las danzas, hace que ésta presente un ritmo regular.

### 1600-1750

#### ✓ En el Barroco

Es un período de grandes cambios en el que nace nuestro actual sistema de compases, las líneas divisorias y la ordenación métrica regida por las figuras de nota, dando lugar a un pulso uniforme y a un ritmo mecánico. La expresividad de la música depende, entre otros muchos factores, del grado de velocidad con que se interpreta.

**1750-1800**

### ✓ En el Clasicismo

En este período existe un gran interés por el orden y la simetría, dando lugar a un ritmo muy natural, con una pulsación muy clara, regular y uniforme, buscando la cuadratura rítmica.

**SIGLO XIX**

### ✓ En el Romanticismo

El hecho de que en este período la expresión de los sentimientos se realice de forma apasionada y, en ocasiones, hasta de modo "poco racional", hace que los intérpretes se tomen ciertas libertades a la hora de cumplir con las indicaciones de movimiento, con un ritmo cambiante e inestable.

**SIGLO XX-XXI**

### ✓ En el siglo XX

Nuevas formas de indicar la velocidad, ritmos irregulares, polirritmias e incluso ausencias de movimiento son recursos de los que se vale el compositor para romper con la tradición y buscar nuevas formas de expresión.

**Proyección 7**

pág. 42

**Realiza las cuestiones planteadas en el CUADERNO DE ACTIVIDADES.**

# BLOQUE 4 CREACIÓN MUSICAL

## LOS SIGNOS DE PROLONGACIÓN

Los **signos de prolongación** surgen como respuesta a la necesidad de obtener duraciones que exceden de los valores "normales" de las figuras que ya conocemos. Estos signos consiguen aumentar duraciones que de otro modo no serían posibles.

### 1. LA LIGADURA

Se trata de una **línea curva** que une dos notas del mismo nombre y altura.

En los **silencios no** se emplean, ya que son innecesarias.

Debe escribirse **uniendo las cabezas** de las notas, nunca las plicas.

BIEN  MAL 

El **arco** se dibuja en dirección contraria a las plicas.

BIEN  MAL 

La ligadura equivale al signo **+** y se emplea para sumar el valor de dos o más sonidos.

ALGUNOS EJEMPLOS

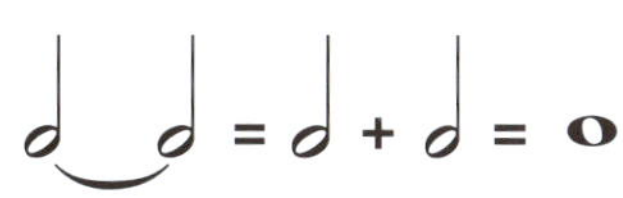

### 2. EL CALDERÓN

Se trata de un signo musical en forma de semicírculo con un punto en el centro  y se coloca encima de una figura. Su objetivo es interrumpir momentáneamente la marcha normal del compás y se suele emplear al acabar una parte de una obra, habitualmente para dar una mayor sensación de acabado. No tiene un valor exacto, ya que su duración se suele dejar a voluntad del intérprete, estando muy ligada su duración con el *tempo* y el carácter de la música.

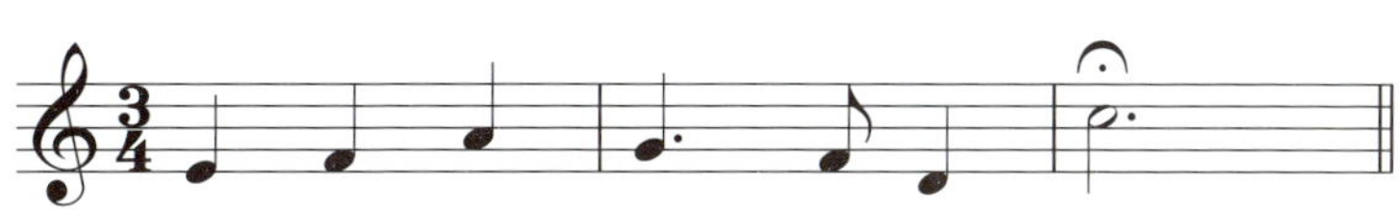

## 3. EL PUNTILLO

El puntillo consiste en un **punto** (.) que se coloca a la **derecha de la cabeza** de una figura (nunca en la plica). También lo pueden llevar los silencios.

El puntillo añade a la figura que acompaña la **mitad** de su valor, por tanto, no tienen valor absoluto, es decir, su duración depende de la figura a la que acompaña.

ALGUNOS EJEMPLOS

4+2 = 4 + 2

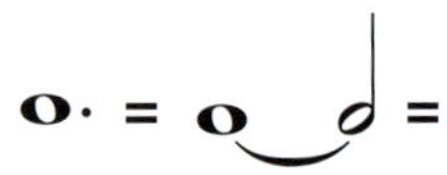
= 6 tiempos

2+1 = 2 + 1

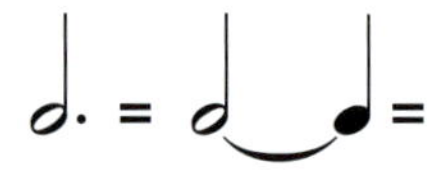
= 3 tiempos

1+0,5 = 1 + 0,5

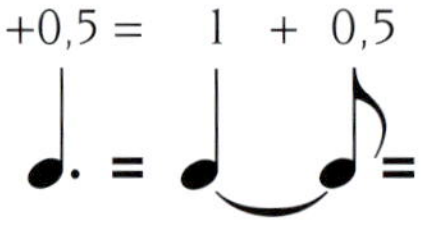
= 1,5 tiempos

## 4. EL DOBLE PUNTILLO

El doble puntillo, como su nombre indica, consiste en dos **puntos** (..) que se colocan a la **derecha de la cabeza** de una figura. Si el puntillo añade la **mitad** del valor de la figura que acompaña, el doble puntillo aumenta la mitad del primer puntillo.

ALGUNOS EJEMPLOS

4+2+1= 4 + 2 + 1

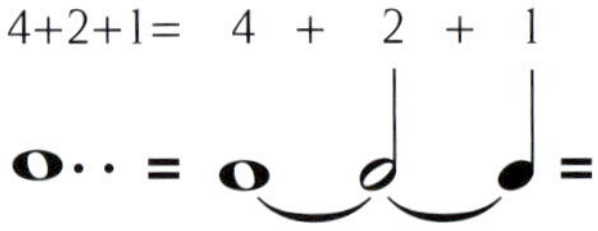
= 7 tiempos

2+1+0,5 = 2 + 1 + 0,5

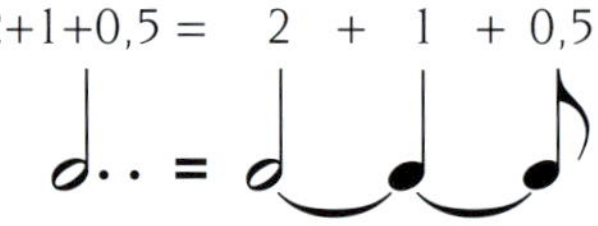
= 3,5 tiempos

**Realiza las cuestiones planteadas en el CUADERNO DE ACTIVIDADES.**

**págs. 43-45**

## BLOQUE 5 INTERPRETACIÓN MUSICAL

En este bloque se plantearán actividades instrumentales de tipo melódico que te ayudarán a abordar con éxito las interpretaciones que te propondremos.

### PRÁCTICA INSTRUMENTAL

**Practicamos el Fa sostenido**

PRÁCTICA 9

PRÁCTICA 10

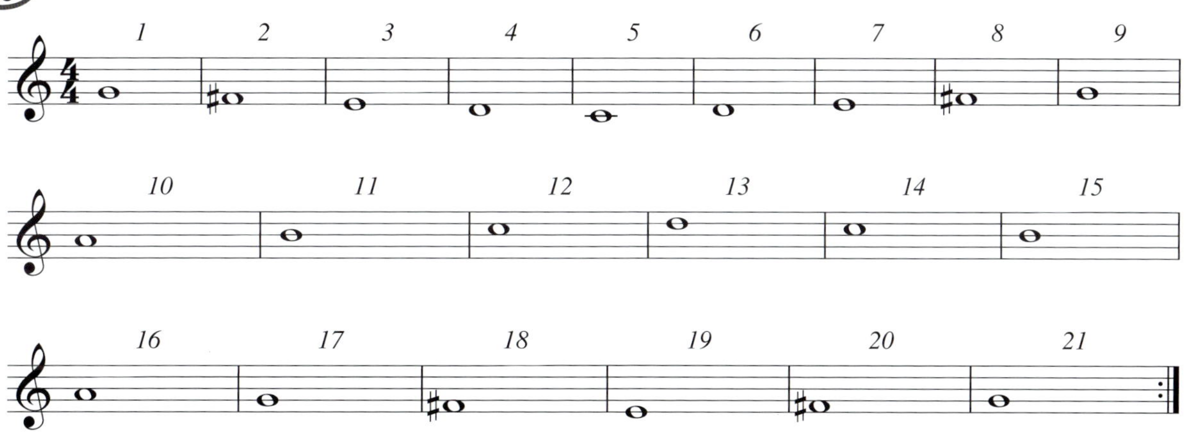

# *Ghost*

*A. North - M. Jarré*

**Flauta 1**

Flauta 2

# *Ghost*

*A. North - M. Jarré*

# Blanca Navidad

*Irving Berlin*

FLAUTA 7

FLAUTA 8

El título de esta pieza musical en castellano es "Una colérica obstinación" y está compuesta por Juan del Encina, músico que sirvió al Duque de Alba. Se refiere a un acontecimiento histórico, la toma de Granada, en el que adopta el punto de vista de los vencidos en combate, tal y como se muestra en el título, con las palabras pronunciadas por el rey musulmán.

## *Una sañosa porfía*

*Juan del Encina*

# 4. El ritmo

## Movimiento y compás

En la unidad anterior constatamos que la pulsación nos permitía poder reconocer el grado de velocidad de una obra musical (*movimiento* o *tempo*).

En esta unidad fijaremos nuestra atención al escuchar la música, en que existen una serie de pulsaciones que sobresalen sobre las demás (*pulsaciones acentuadas*).

Precisamente, cuando estas pulsaciones acentuadas se suceden en el tiempo, de manera regular y constante, se origina el **compás**.

Observarás, además, que una obra musical se divide en compases, que cada compás tiene varios tiempos y que los compositores, en su música, emplean diferentes tipos de compases.

Pues bien, todo ello es lo que conoceremos y aprenderemos en esta Unidad, bajo el nombre del ***ritmo***.

## BLOQUE 1 CONTEXTO MUSICAL

El ritmo está presente en la vida del ser humano. Existen actividades, incluso fuera de nuestra voluntad, que están gobernadas por un esquema rítmico natural: la regularidad de los latidos del corazón o de la respiración son buenos ejemplos de ello; incluso en la Naturaleza está presente el ritmo, con la sucesión de las estaciones del año o en la alternancia del día y la noche.

También en muchas de las actividades humanas se encuentra el ritmo. Si observas cuando andas, te darás cuenta que hay un esquema rítmico que ordena tus pasos, estableciendo una frecuencia que te hace caminar de forma lenta o rápida. En la música también ocurre esto.

El **ritmo** musical es la ordenación de los sonidos dependiendo de sus duraciones y de las pulsaciones acentuadas.

Uno de los elementos esenciales dentro del ritmo es el **acento**. Imagina que viajas en tren. Las ruedas al deslizarse sobre los raíles producen un sonido repetido a intervalos regulares, al pasar sobre las juntas.

Instintivamente, nuestra mente es capaz de imaginar un acento que divida ese sonido cada dos, tres o cuatro golpes de forma periódica y constante, formando un ritmo imaginario.

Comprueba, al golpear sobre la mesa con la mano y al acentuar las pulsaciones que se señalan con una **>**, como puedes generar un **ritmo**.

**> - - > - - > - - > - - > - - > - -**

Existen distintos tipos de combinaciones rítmicas, según el acento se repita cada dos, tres o cuatro pulsaciones:

### RITMO BINARIO

Es el que nos resulta más natural, al tener un número de pulsaciones par (2), ya que por ejemplo al caminar, ordenamos los pasos instintivamente de dos en dos, creando el efecto de una sensación rítmica de equilibrio estático.

> - | > - | > - | > - | > - | > - |
1 2 1 2 1 2 ...

Proyección 1

### RITMO TERNARIO

Al tener un número de pulsaciones impar (3), nos resulta más fácil asociar este tipo de compás a ciertas danzas que como el vals, nos transmiten una sensación de movimiento rotativo.

> - - | > - - | > - - | > - - | > - - | > - - |
1 2 3 1 2 3 1 2 3 1 2 3 ...

Proyección 2

### RITMO CUATERNARIO

Al presentar un número par de pulsaciones (4), nos transmite la misma sensación de estabilidad rítmica que el ritmo binario.

> - - - | > - - - | > - - - | > - - - | > - - - | > - - - |
1 2 3 4 1 2 3 4 1 2 3 4 1 2 3 4 ...

Proyección 3

Pues bien, la organización del ritmo generado por las pulsaciones acentuadas que se suceden de forma regular se materializa, en música, a través de una unidad métrica: el *compás*.

El **compás** aparece indicado al principio de la partitura y a continuación de la clave, con dos números en forma de fracción.

Su objetivo es ordenar los distintos ritmos naturales y hacer más fácil su lectura e interpretación por los músicos.

Si observas la partitura de una obra musical verás que ésta se divide en compases y cada compás en diversos tiempos: 2, 3 ó 4 según el ritmo sea binario, ternario o cuaternario. Además ya sabes que el denominador que aparece en el indicativo de compás nos indica el tipo de figura que corresponde a un pulso o tiempo.

Pues bien, a continuación verás que, dependiendo que el pulso o tiempo sea divisible por 2 ó por 3, hay distintos tipos:

## 1. COMPASES SIMPLES

Son aquellos que tienen como numerador las cifras 2, 3 ó 4 y en los que cada uno de sus tiempos se pueden dividir en dos partes o mitades.

### COMPÁS BINARIO

Este compás nos indica que tiene 2 tiempos y que cada figura de nota negra ocupa 1 tiempo.

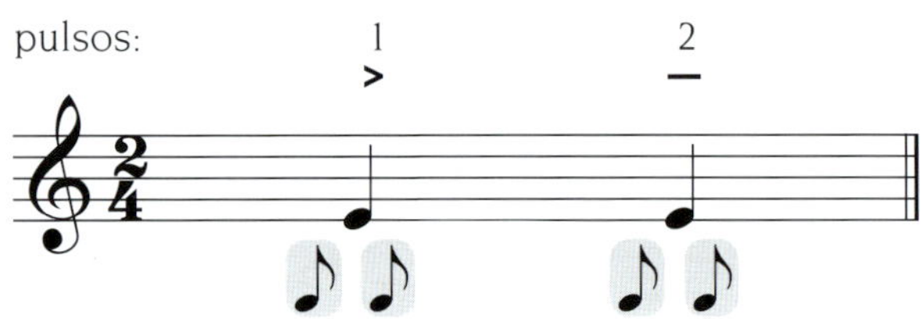


### COMPÁS TERNARIO

Este compás nos indica que tiene 3 tiempos y que cada figura de nota negra ocupa 1 tiempo.

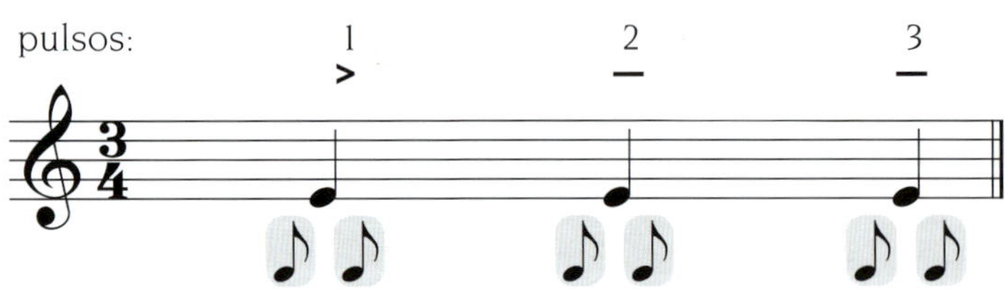


### COMPÁS CUATERNARIO

Este compás nos indica que tiene 4 tiempos y que cada figura de nota negra ocupa 1 tiempo.

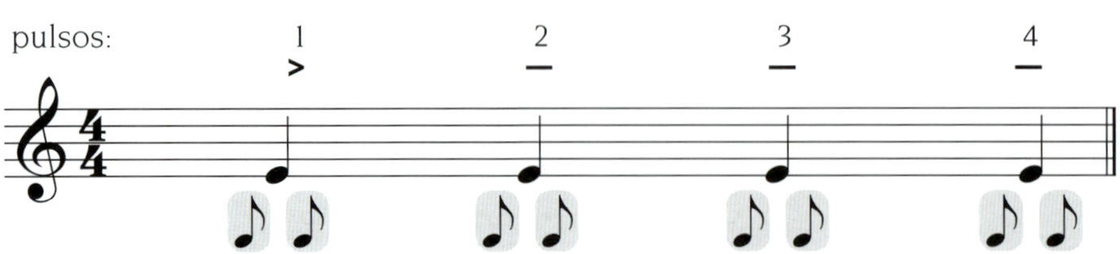


Proyección 4

## 2. COMPASES COMPUESTOS

Son aquellos que tienen como numerador las cifras 6 (binario: 2 tiempos), 9 (ternario: 3 tiempos) ó 12 (cuaternario: 4 tiempos) y en los que cada uno de sus tiempos se pueden dividir en tres partes o tercios.

### COMPÁS BINARIO

Este compás nos indica que tiene 2 tiempos y que 3 figuras de nota corchea ocupan un tiempo. En todo el compás entran 6 corcheas.

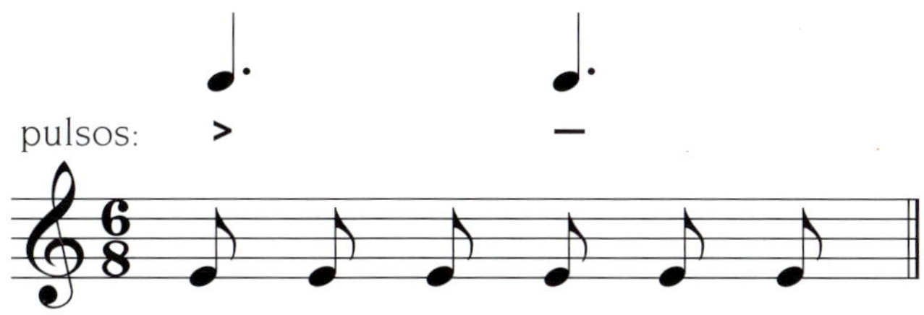


### COMPÁS TERNARIO

Este compás nos indica que tiene 3 tiempos y que 3 figuras de nota corchea ocupan un tiempo. En todo el compás entran 9 corcheas.

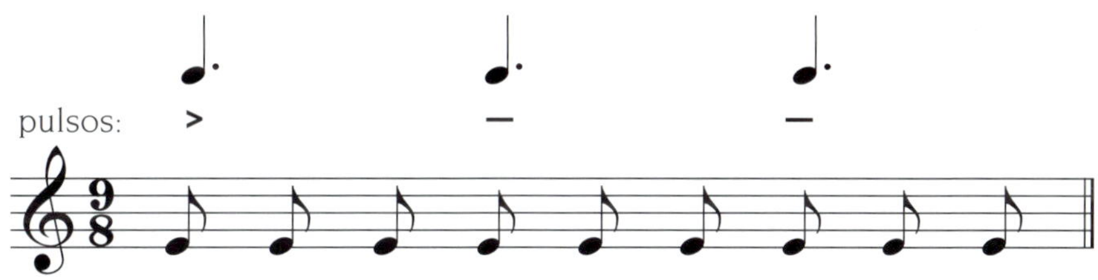


### COMPÁS CUATERNARIO

Este compás nos indica que tiene 4 tiempos y que 3 figuras de nota corchea ocupan un tiempo. En todo el compás entran 12 corcheas.

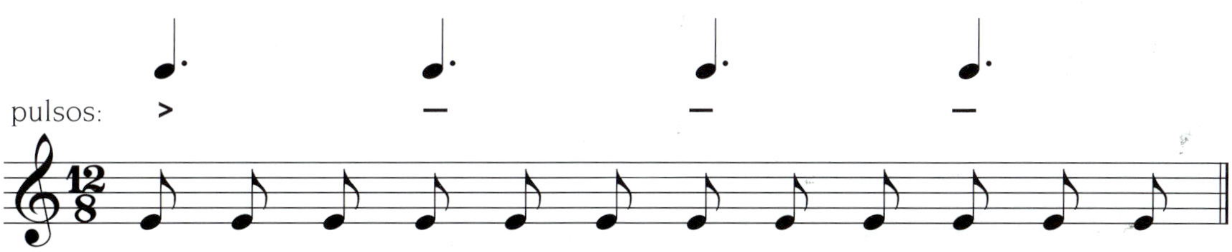


Observa que la acentuación, tanto en los compases simples como en los compuestos, son iguales: > — para los binarios, > — — para los ternarios y > — — — para los cuaternarios. La única diferencia es el ritmo interior de los pulsos (2 para los simples y 3 para los compuestos).

Proyección 5

Como has podido comprobar, los acentos aparecen de forma constante cada cierto número de pulsaciones, ya sea cada 2, 3 ó 4 pulsos. Así se consigue crear en el oyente una *cierta estabilidad rítmica.*

Sin embargo, algunos compositores consideran que las anteriores fórmulas métricas hacen que el ritmo, en ocasiones, se vuelva demasiado predecible e incluso monótono.

Por eso, se buscan nuevas fórmulas que permitan revitalizar y enriquecer el ritmo rompiendo esa *monotonía rítmica.* Para ello no dudan en emplear diversos recursos como, por ejemplo, las ***notas a contratiempo*** o los ***acentos (›),*** recursos rítmicos que consisten en desplazar la acentuación natural del compás y creando en el oyente una *sensación de inestabilidad rítmica.*

Proyección 6

Este tipo de compases se denominan ***compases de amalgama*** y como escucharás en el bloque de Audición Musical, son utilizados por muchos compositores en distintas piezas musicales.

Para que los conozcas, aquí tienes un ejemplo. Se trata del Compás de Zortzico (5/8) que combina los compases de 3/8 + 2/8. Es un compás utilizado en una danza típica vasca. Cada compás tiene 5 tiempos de duración (3/8: tres tiempos + 2/8: dos tiempos) y en él entran 5 corcheas. Fíjate en cómo caen los acentos:

Proyección 7

Realiza las cuestiones planteadas en el CUADERNO DE ACTIVIDADES.

pág. 46

## BLOQUE 2 ESCUCHA

Ahora que ya conoces los diversos aspectos relativos al **ritmo**, vamos a distinguirlos auditivamente a través de algunos fragmentos musicales.

págs. 47-50

Realiza las cuestiones planteadas en el CUADERNO DE ACTIVIDADES.

### UNA CURIOSIDAD

Los compases tienen una forma específica de marcarse con la mano, tal y como lo hacen los directores de orquesta.

Los compases binarios se marcan con un movimiento abajo y otro arriba.

Los compases ternarios se marcan formando una figura parecida a un triángulo rectángulo (abajo, derecha y arriba).

Los compases cuaternarios se marcan con un gesto parecido al de una cruz (abajo, izquierda, derecha y arriba).

Proyección 8

El ritmo es un elemento esencial en la música ligado a la evolución de la notación musical y ha sido tratado de diferentes maneras por los compositores según el momento histórico. A continuación conoceremos las diferentes notaciones musicales que han existido desde la Antigüedad y su evolución hasta llegar a nuestros días.

**SIGLOS VIII-II a.C**

### ✓ En la Antigua Grecia

La escritura musical griega se basaba en los signos alfabéticos griegos que dependiendo de su posición se correspondían con un sonido concreto. Además se usaban dos tipos de duraciones: breves y largas.

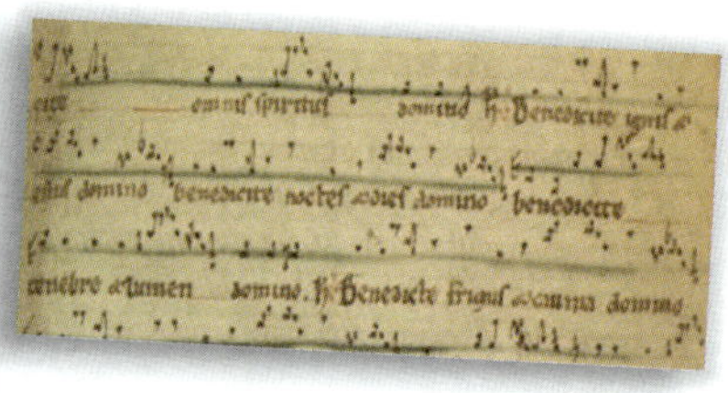

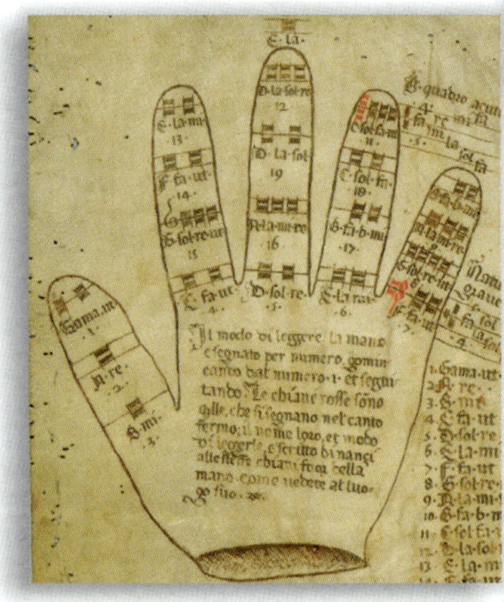

**SIGLOS V-XIV**

### ✓ En la Edad Media

Los signos más antiguos son los "neumas" que, escritos sobre el texto, servían para indicar diferentes alturas de los sonidos según su colocación y que más tarde comenzaron a escribirse sobre una línea según fuese el sonido más grave o más agudo.

Posteriormente, la escritura evoluciona hasta llegar a la notación cuadrada y se incorporan líneas horizontales hasta llegar al tetragrama (cuatro líneas), que es la pauta empleada en las obras medievales.

**SIGLOS XV-XVI**

### ✓ En el Renacimiento

El gran teórico francés Philippe de Vitry introduce nuevos conceptos como los signos de compases o las unidades métricas para indicar las distintas duraciones de los sonidos, comenzando a aparecer las *notas vacías* (notación mensural blanca), que nos llevará a las actuales figuras.

## 1600-1750

### ✓ En el Barroco

Es en este período cuando la notación mensural blanca del Renacimiento fue evolucionando hasta establecer el sistema de figuras y compases, tal y como lo conocemos en la actualidad.

## 1750-1800 Y SIGLO XIX

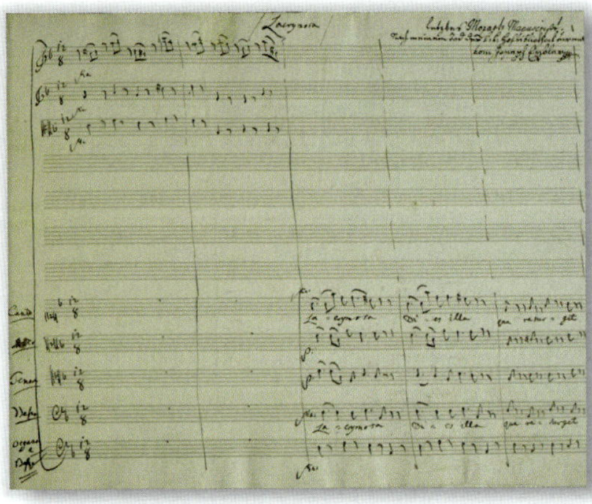

### ✓ En el Clasicismo y en el Romanticismo

A lo largo de estos años las figuras apenas sufren cambios, manteniéndose así las notaciones convencionales que se usan en la actualidad para la mayoría de las obras musicales.

## SIGLO XX-XXI

### ✓ En el siglo XX y hasta las actualidad

Las innovadoras obras musicales de este período comienzan a estar repletas de nuevas y diferentes grafías, algunas tan desconocidas que el compositor debe explicar en la propia partitura como han de interpretarse.

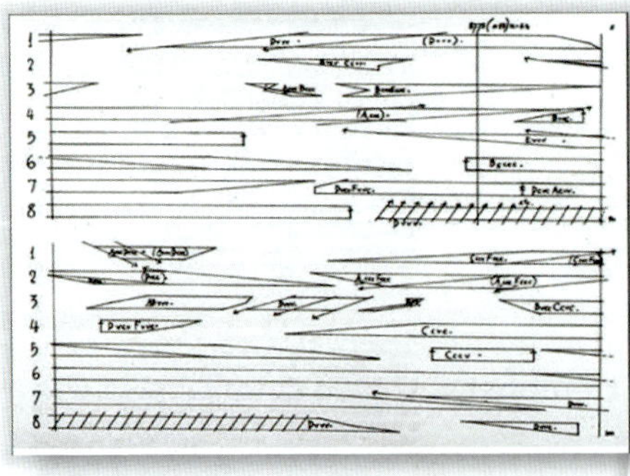

Realiza las cuestiones planteadas en el CUADERNO DE ACTIVIDADES. pág. 51

Proyección 9

# BLOQUE 4 CREACIÓN MUSICAL

## LOS COMPASES

### 1. LOS INDICADORES DE COMPÁS

Los **indicadores de compases** están escritos en las partituras al principio de éstas, después de la clave.

Estos números nos indican la cantidad de figuras que caben entre dos líneas divisorias.

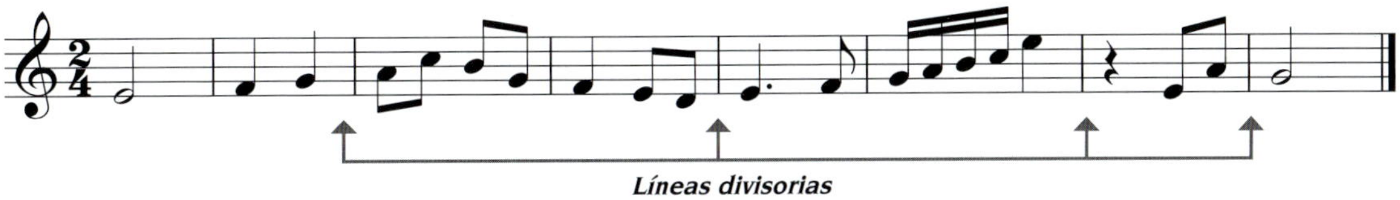


**El número superior** (numerador) nos indica dos aspectos:

1.- El número de tiempos o partes en que se puede dividir un compás.

2.- Las figuras que pueden entrar en un compás.

**El número inferior** (denominador) nos indica una figura.

La relación número-figura es la siguiente:

### 2. LOS COMPASES SIMPLES

Los compases simples tendrán como número superior (numerador) el 2, 3 y 4. La figura que indica el número inferior (denominador) es la que completa un tiempo.

Los tiempos de los compases simples se pueden subdividir en 2 partes o mitades.

Observa como, en los compases simples, la figura que completa un tiempo es la negra, mientras que las corcheas se unen en grupos de dos.

Ejemplo:

- **Compás binario simple (2 tiempos)**

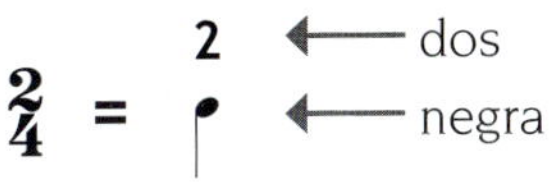


Se trata de un compás binario (2 tiempos), que se puede completar con dos negras.

Ejemplo:

- **Compás ternario simple (3 tiempos)**

$\frac{3}{4}$ = 3 ⟵ tres
♩ ⟵ negra

Se trata de un compás ternario (3 tiempos), que se puede completar con tres negras.

Ejemplo:

- **Compás cuaternario simple (4 tiempos)**

$\frac{4}{4}$ = 4 ⟵ cuatro
♩ ⟵ negra

Se trata de un compás cuaternario (4 tiempos), que se puede completar con cuatro negras.

Ejemplo:

### 3. LOS COMPASES COMPUESTOS

Los compases compuestos tendrán como número superior (numerador) el 6, 9 y 12. La figura que indica el número inferior (denominador) es la que completa una subdivisión.

Los tiempos de los compases compuestos se pueden subdividir en 3 partes o tercios.

Observa como, en los compases compuestos, la figura que completa un tiempo es la negra con puntillo, mientras que las corcheas se unen en grupos de tres.

Ejemplo: 

- **Compás binario compuesto (2 tiempos)**

$\frac{6}{8}$ = 6 ⟵ seis
♪ ⟵ corcheas

Se trata de un compás binario (2 tiempos), que se puede completar con seis corcheas.

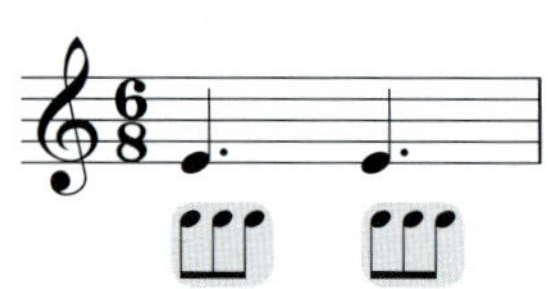

Ejemplo:

- **Compás ternario compuesto (3 tiempos)**

$\frac{9}{8}$ = 9 ← seis
♪ ← corcheas

Se trata de un compás ternario (3 tiempos), que se puede completar con nueve corcheas.

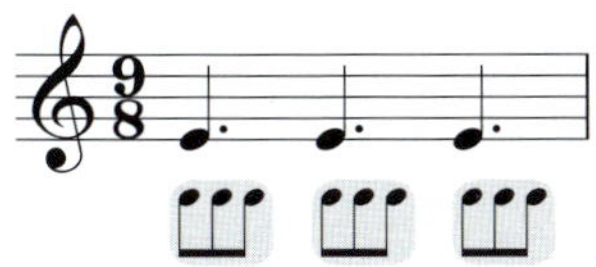

Ejemplo:

- **Compás cuaternario compuesto (4 tiempos)**

$\frac{12}{8}$ = 12 ← doce
♪ ← corcheas

Se trata de un compás cuaternario (4 tiempos), que se puede completar con doce corcheas.

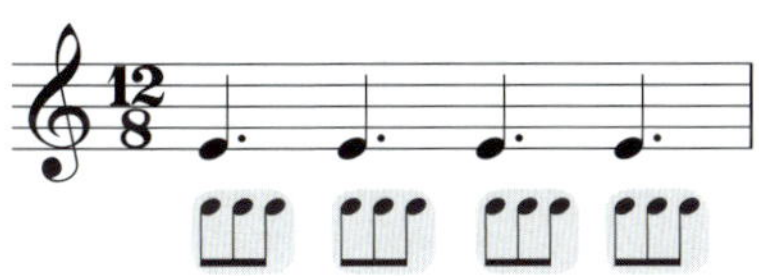

Ejemplo:

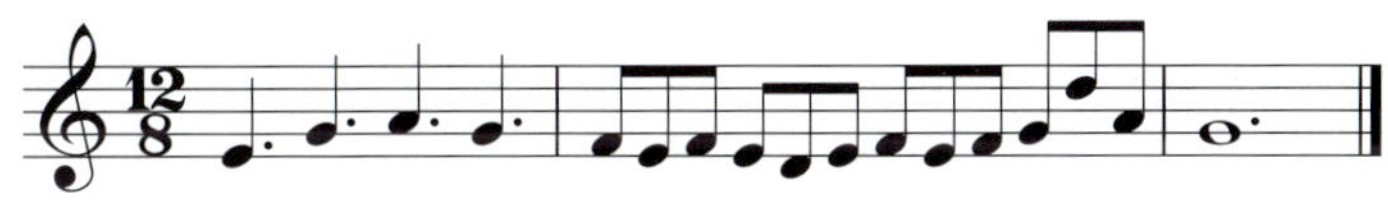

**CUADRO RESUMEN**

| COMPASES | SIMPLES | COMPUESTOS |
| --- | --- | --- |
| BINARIOS | 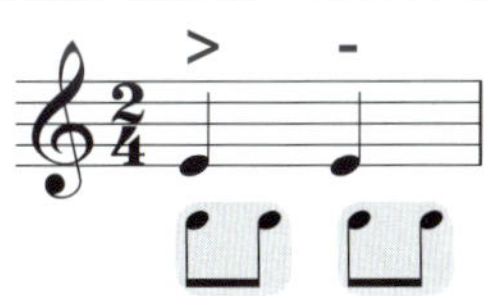 | 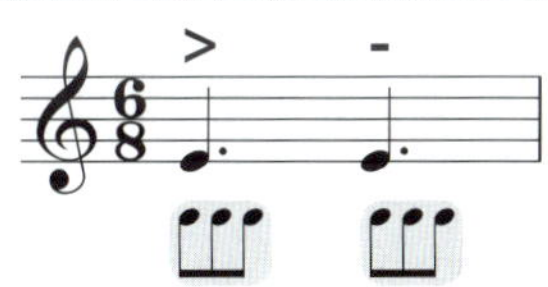 |
| TERNARIOS | 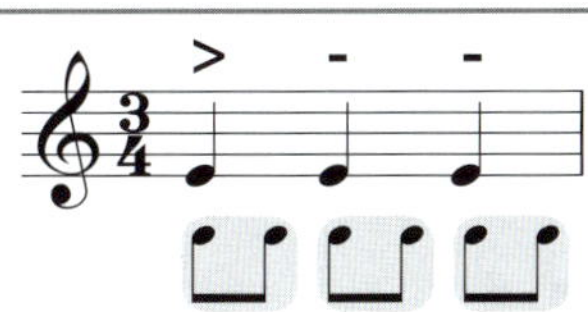 | 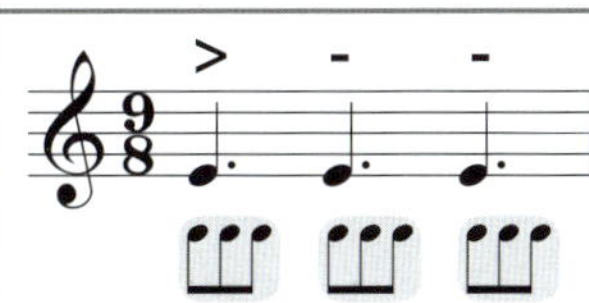 |
| CUATERNARIOS | 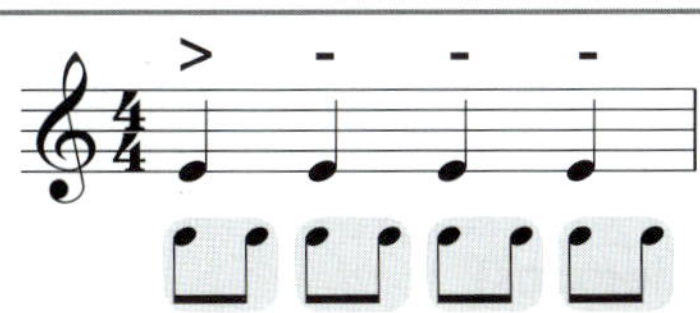 | 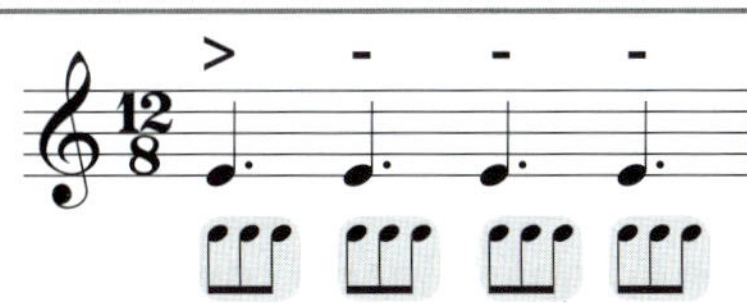 |

Realiza las cuestiones planteadas en el CUADERNO DE ACTIVIDADES. págs. 52-55

## BLOQUE 5 INTERPRETACIÓN MUSICAL

En este bloque se plantearán actividades instrumentales de tipo melódico que te ayudarán a abordar con éxito las interpretaciones que te propondremos.

### PRÁCTICA INSTRUMENTAL

PRÁCTICA 11

**Reforcem el Si bemol**

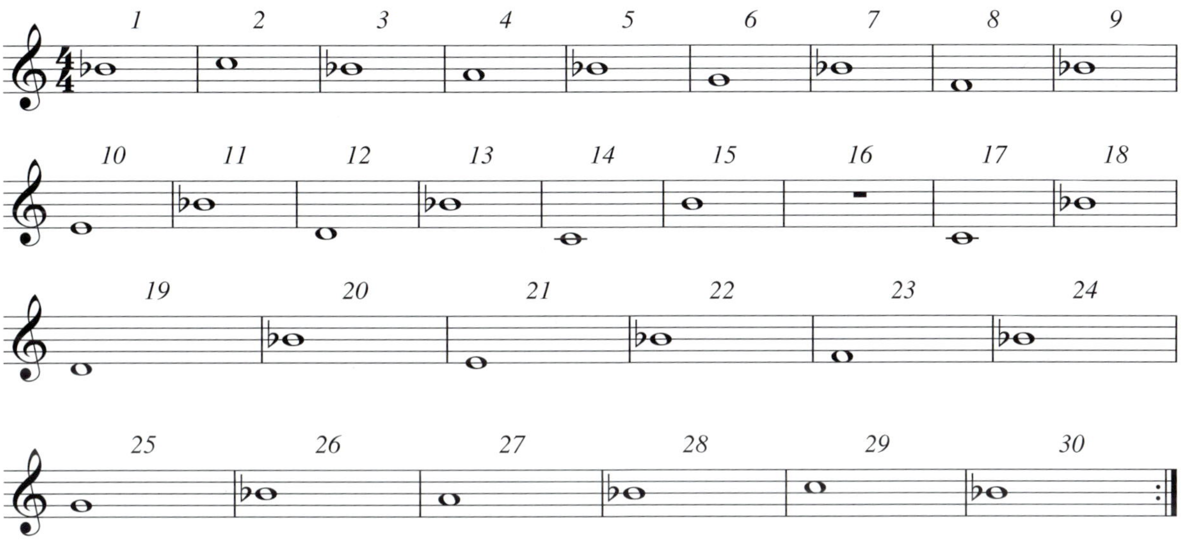

PRÁCTICA 12

**Reforcem el Fa sostenido**

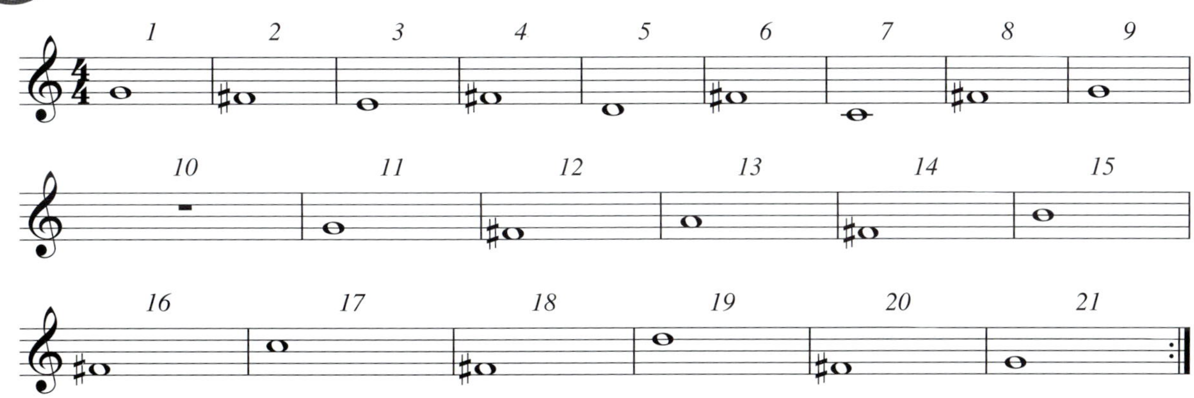

# *Caresse sur l'ocean*

*Bruno Coulais* **Flauta 1**

Flauta 2

# Caresse sur l'ocean

Bruno Coulais

# We Are the Champions

Freddie Mercury

La pieza que interpretarás a continuación pertenece al músico veneciano Antonio Vivaldi, compositor esencial del Barroco. Este período, situado entre 1600 y 1750, se caracteriza por el dominio extraordinario de la técnica vocal e instrumental por parte de los músicos, que se conoce como virtuosismo. Un ejemplo lo encontramos en esta obra, donde Vivaldi describe musicalmente y a la perfección, la felicidad y el calor del hogar al abrigo de la lluvia.

## Invierno

(2º movimiento)

A. Vivaldi

### INTERPRETACIONES PARA INSTRUMENTAL ORFF

En este apartado te proponemos la interpretación con el instrumental Orff de la pieza musical *El Invierno* 2º Movimiento de A. Vivaldi y que puedes descargar de la página www.tabarcallibres.com

# 5. La intensidad de la música

## Dinámica y matices

En anteriores unidades ya hemos visto que la música es capaz de crear, en el oyente, distintos estados de ánimo: optimismo, pesimismo..., y sentimientos: alegría, tristeza...

También hemos comprobado que el ritmo es uno de los elementos empleados por el compositor para recrear en quien escucha sensaciones concretas: vigorosidad, languidez...

Pues bien, en esta Unidad vamos a conocer un nuevo recurso que permite al compositor crear una gran variedad de contrastes y consigue mayor o menor tensión durante la escucha de ciertos fragmentos musicales: la *dinámica* y los *matices*.

## BLOQUE 1 CONTEXTO MUSICAL

La **dinámica** es la intensidad o volumen con que se interpreta un fragmento o una obra musical completa.

Los **matices** son los signos, indicados mediante palabras italianas abreviadas, que sirven para precisar en cada momento los diferentes cambios de intensidad.

Estos recursos son de gran importancia en lo que se refiere a la expresividad musical y el compositor consigue, a través de ellos, crear a partir de diferentes grados de intensidad numerosos contrastes y sugerir al oyente distintas sensaciones durante la interpretación.

Precisamente dependiendo del grado de intensidad o volumen que indiquen, encontramos distintos ***tipos de matices***:

## 1. MATICES QUE INDICAN UN VOLUMEN ESTABLE

Empleados cuando se pretende que el volumen se mantenga constante y hasta que aparezca otra indicación que lo modifique. Observa que aunque sean términos aplicables a la música, también van ligados a la expresividad humana, como verás en las siguientes proyecciones, donde las distintas intensidades (dinámica) de la voz son capaces de transmitir distintas sensaciones.

| SIGNO | TÉRMINO | SIGNIFICADO | |
|---|---|---|---|
| *pp* | pianíssimo | muy suave | Proyección 1 |
| *p* | piano | suave | |
| *mp* | mezzo piano | medio suave | Proyección 2 |
| *mf* | mezzo forte | medio fuerte | |
| *f* | forte | fuerte | Proyección 3 |
| *ff* | fortíssimo | muy fuerte | Proyección 4 |

## 2. MATICES QUE INDICAN UN VOLUMEN VARIABLE

Utilizados cuando se pretende que la intensidad no se mantenga estable, sino que vaya cambiando de forma gradual. A continuación tienes los más empleados:

| SIGNO | TÉRMINO | SIGNIFICADO |
|---|---|---|
| < | **crescendo** (cresc.) | aumentando gradualmente la intensidad |
| > | **diminuendo** (dim.) | disminuyendo gradualmente la intensidad |
| <> | **doble regulador** | combinando los dos anteriores |
| *sfz* | **sforzando** | acentuando la nota |

Fíjate en la siguiente proyección y observa como el compositor "juega" con los matices de intensidad variable para crear en el oyente una potente sensación de movimiento.

Proyección 5

## 3. TIPOS DE DINÁMICA

Dentro de una misma obra podemos encontrar distintos cambios dinámicos según los matices que vayan apareciendo. Aquí tienes algunos ejemplos de estos cambios:

1. Cambio brusco de dinámica: se trata de fragmentos que pasan a intensidades extremas como por ejemplo: de ***pp*** a ***ff*** o al revés.
2. Cambio suave de dinámica: estos cambios emplean matices más cercanos, de manera que los cambios producidos no son tan pronunciados como los anteriores, por ejemplo de ***p*** a ***mf***, ***mf*** a ***f***, etc.
3. Dinámica plana: en este caso la intensidad de los sonidos se mantiene estable sin apenas cambios.
4. Dinámica gradual: dentro de este tipo de dinámica encontraremos todos aquellos matices que indican un volumen variable: el crescendo, el diminuendo y el doble regulador.

**Realiza las cuestiones planteadas en el CUADERNO DE ACTIVIDADES.**

**págs. 56-58**

## BLOQUE 2 ESCUCHA

Ahora que ya conoces los diversos aspectos relativos a la **dinámica**, vamos a distinguirlos auditivamente a través de algunos fragmentos musicales.

págs. 59-67

**Realiza las cuestiones planteadas en el CUADERNO DE ACTIVIDADES.**

### UNA CURIOSIDAD

El alto grado de exposición al ruido al que diariamente estamos sometidos produce en nuestro cuerpo múltiples reacciones dañinas, de carácter fisiológico (aparato auditivo, respiratorio, digestivo…) y psicológico (ansiedad, fobias, angustia…) que perjudican gravemente nuestra salud.

Consciente de ello, un informe de la Organización Mundial de la Salud (O.M.S.) advierte que 50 decibelios es el límite de intensidad sonora que resulta deseable para la salud humana. A partir de 120 decibelios, el sonido puede dañar el oído humano y, para que te puedas hacer una idea, podemos señalar que una motocicleta sin silenciador produce 115 y un claxon de un automóvil 90 decibelios.

Proyección 6

La idea de que la música resulta un vehículo ideal para transmitir sentimientos y emociones en el ser humano está presente en los compositores de todos los tiempos. A continuación conoceremos como han empleado los recursos dinámicos según la época.

**SIGLOS V-XIV**

### ✓ En la Edad Media

El carácter (recogido y de meditación) y la finalidad (oración y comunicación con Dios) del canto gregoriano hace que las melodías no presenten ningún cambio dinámico que pueda distraer a los fieles.

**SIGLOS XV-XVI**

### ✓ En el Renacimiento

Aunque todavía no aparecen las indicaciones de matiz en la partitura, se observan algunos cambios dinámicos en la interpretación, fruto de la intención de obtener una mayor expresividad en ciertas partes del texto.

**1600-1750**

### ✓ En el Barroco

- En esta época los matices se consiguen mediante el cambio de masas sonoras empleadas de forma contrastante: Fuerte = muchos instrumentos (tutti) / Piano = pocos instrumentos (concertinos o solistas), surgiendo la dinámica conocida con el nombre de *dinámica por terrazas*.
- También se empleaba un recurso dinámico que imitaba al fenómeno físico del eco y que consistía en hacer un fragmento musical en ***f*** y repetirlo en ***p***.

## 1750-1800

### ✓ En el Clasicismo.

La perfección en la fabricación de los instrumentos y el incremento de integrantes de las orquestas favorece la aparición de nuevos recursos dinámicos, que como el ***crescendo*** < y el ***diminuendo*** >, entusiasman al público de la época.

## SIGLO XIX

### ✓ En el Romanticismo

- El afán por reflejar la vida apasionada y los sentimientos, a través de la música, potencia los cambios dinámicos extremos en cuanto a la intensidad (***pppp*** a ***fff***).
- Surge el ***sforzando*** (***sfz***), que consiste en acentuar determinadas notas, creando una gran carga de tensión en el oyente.

## SIGLO XX-XXI

### ✓ En el siglo XX y hasta la actualidad

Los compositores luchan por encontrar nuevas vías musicales y, como consecuencia, exploran en busca de los más variados contrastes dinámicos que se muestran, en ocasiones, de forma súbita, fruto de la experimentación e innovación.

Proyección 7

Realiza las cuestiones planteadas en el CUADERNO DE ACTIVIDADES. pág. 68

## SÍNCOPAS Y NOTAS A CONTRATIEMPO

### 1. PULSACIONES ACENTUADAS

En la unidad anterior se pudo comprobar cómo los compases se distinguen por el ciclo de **pulsaciones acentuadas**, siendo éstas las que determinaban el número de tiempos que tiene cada compás.

La acentuación de los compases queda de la siguiente manera:

**Compás binario**

Se trata de un compás de dos tiempos, siendo el primero acentuado o fuerte (**>**) y el segundo suave o débil (**-**).

Si comparamos este compás con el lenguaje escrito observaremos que las palabras bisílabas y llanas coinciden con el ritmo binario, ya que tienen dos sílabas (equivalente musical a dos pulsos o tiempos) estando la primera acentuada: casa, queso, árbol, libro, fútbol...

**Compás ternario**

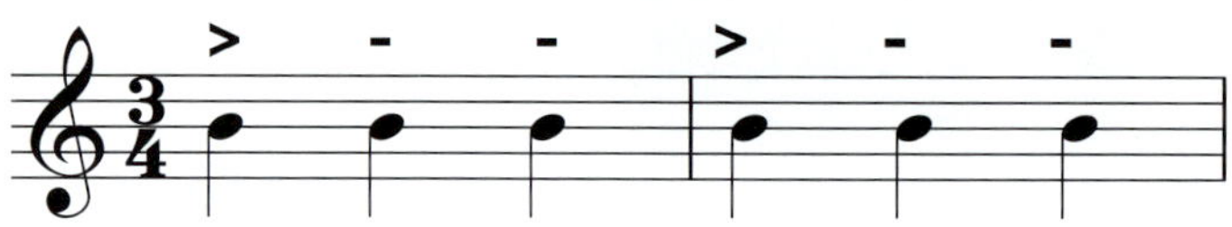

Se trata de un compás de tres tiempos, siendo el primero acentuado o fuerte (**>**) y el segundo y tercero suave o débil (**-**).

Si comparamos este compás con el lenguaje escrito observaremos que las palabras trisílabas y esdrújulas coinciden con el ritmo ternario, ya que tienen tres sílabas (equivalente musical a tres pulsos o tiempos) estando la primera acentuada: pájaro, árboles, rápido...

**Compás cuaternario**

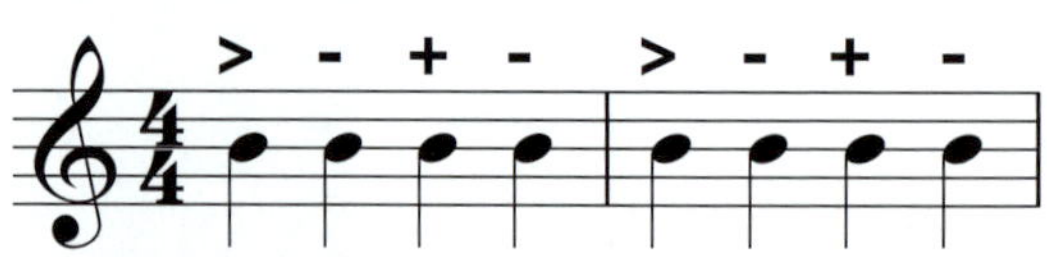

Se trata de un compás de cuatro tiempos, siendo el primero acentuado o fuerte (**>**), el segundo suave o débil (**-**), el tercero medio fuerte (**+**) y el cuarto suave o débil (**-**).

Si comparamos este compás con el lenguaje escrito observaremos que las palabras cuatrisílabas y sobresdrújulas coinciden con el ritmo cuaternario, ya que tienen cuatro sílabas (equivalente musical a cuatro pulsos o tiempos) estando la primera acentuada: ágilmente, dócilmente, fácilmente...

## 2. SÍNCOPAS

En ocasiones los compases no siguen su ritmo natural de acentuación, ya que los músicos quieren jugar con las pulsaciones, cambiando el lugar de éstas. Cuando los pulsos cambian su acentuación reciben el nombre de síncopas.

Las **síncopas** consisten en invertir o desplazar el acento natural del compás, para ello un sonido comienza en el tiempo débil y se prolonga hasta el fuerte, de manera que, al ser interpretado, se destaca el tiempo débil o suave, sobresaliendo este pulso más de lo habitual, y dando la sensación de un desplazamiento de los acentos. Esto se conoce como ritmo sincopado, siendo muy habitual en la música de jazz, aunque también se emplea en otros estilos musicales como el rock, mambo e incluso en la música clásica.

Ejemplos:

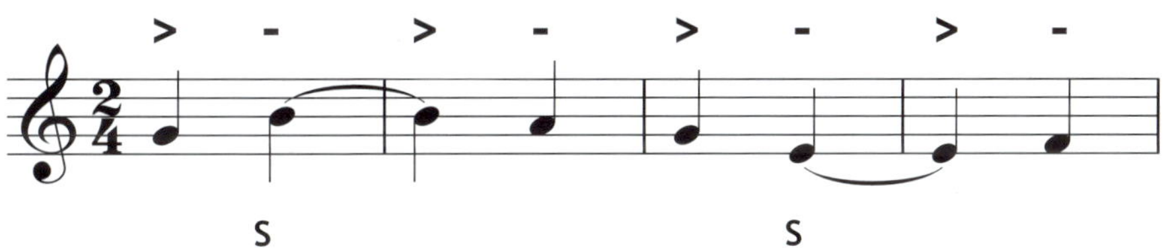


Observa como las figuras que están ligadas comienzan en tiempo débil y se prolongan hasta el fuerte.

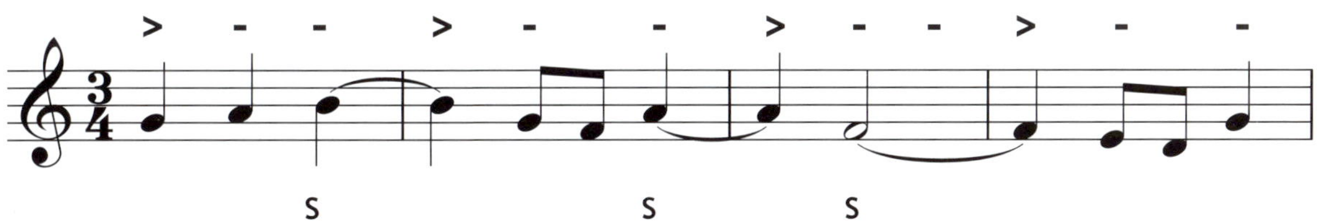


La blanca del tercer compás comienza en el segundo y tercer tiempo (ambos débiles) y se prolonga hasta el primero del compás siguiente (fuerte).

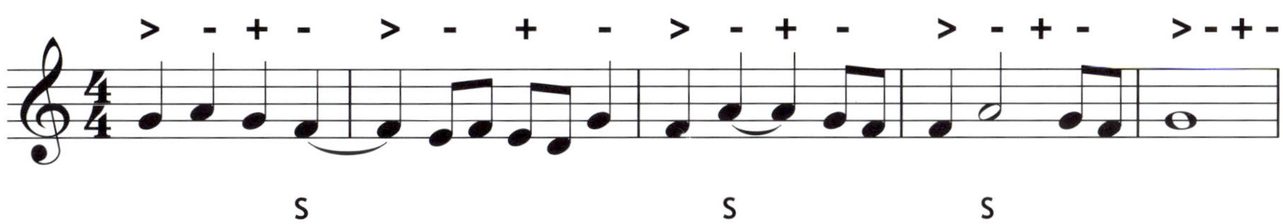


La negra ligada del tercer compás es síncopa, ya que comienza en tiempo débil y se prolonga a un tiempo semifuerte. La blanca del cuarto compás tiene la misma interpretación que el anterior compás, por lo tanto, también es una síncopa.

### 3. NOTAS A CONTRATIEMPO

Las notas a contratiempo también se emplean para destacar los tiempos débiles. Básicamente se trata de silenciar el tiempo fuerte y poner un sonido en el débil, por tanto, las notas a contratiempo siempre van precedidas y seguidas de un silencio (en tiempo fuerte) estando el sonido en el débil.

Hay que tener en cuenta que si el silencio está en tiempo débil y el sonido en el fuerte no será nota a contratiempo, ya que no romperá el ritmo natural de los compases.

Ejemplos:

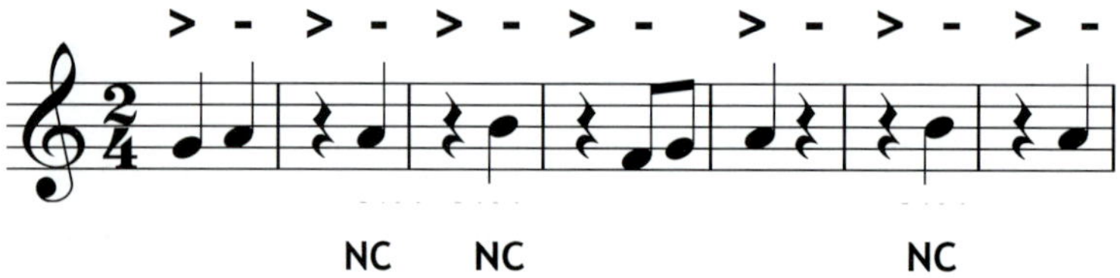


Observa como las negras de los compases 2 y 3 están a contratiempo, ya que se encuentran en tiempo débil y el silencio está en tiempo fuerte; sin embargo, las negras de los compases 5 y 6 no lo están, ya que se encuentran en tiempo fuerte y los silencios en el débil.

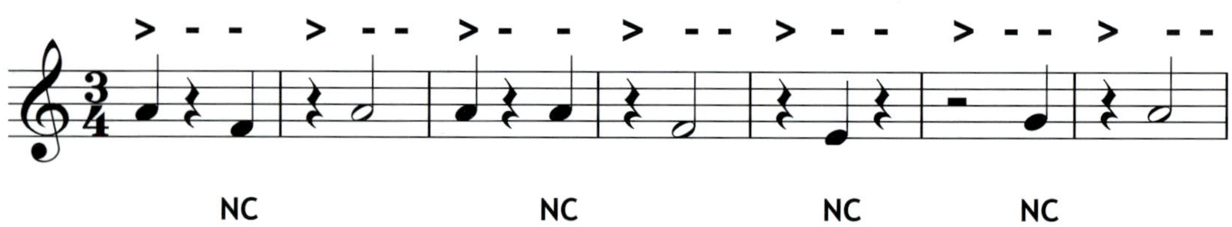


Las tres figuras señaladas como contratiempo se encuentran en tiempo débil y van precedidas de silencios en tiempo fuerte; sin embargo, la negra del tercer compás, a pesar de encontrarse en tiempo débil, está precedida de un silencio también en tiempo débil. En cuanto a la negra del quinto compás, se encuentra en tiempo fuerte y, por tanto, no se puede considerar nota a contratiempo.

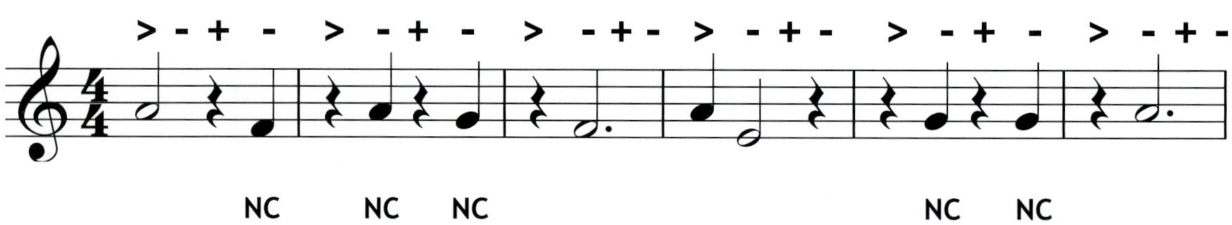


Las figuras señaladas como contratiempo están en tiempo débil y precedidas por silencios en tiempo fuerte o semifuerte. El resto de figuras precedidas por silencios no cumple esa norma y, por tanto, no se consideran notas a contratiempo.

**Realiza las cuestiones planteadas en el CUADERNO DE ACTIVIDADES.**

**págs. 69-71**

# BLOQUE 5 INTERPRETACIÓN MUSICAL

En este bloque se plantearán actividades instrumentales de tipo melódico que te ayudarán a abordar con éxito las interpretaciones que te propondremos.

## PRÁCTICA INSTRUMENTAL

PRÁCTICA 13

### Practicamos el Sol sostenido

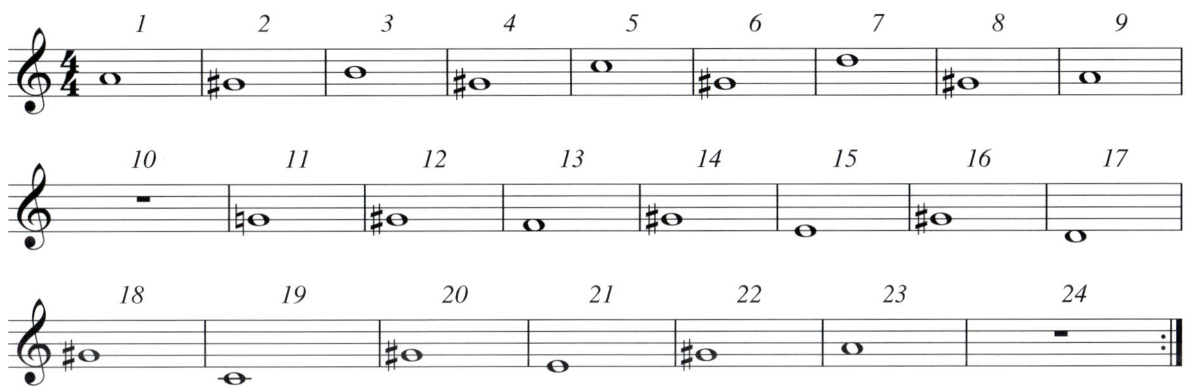

PRÁCTICA 14

### Repasamos el Fa sostenido

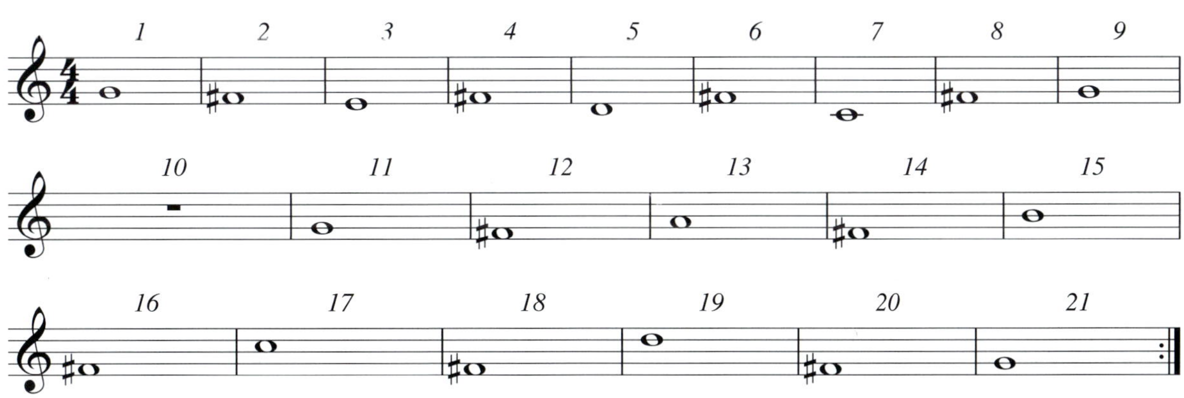

# *Obladi Oblada*

*Lennon-McCartney* **Flauta 1**

Flauta 2

# Obladi Oblada

Lennon-McCartney

FLAUTA 13

# *Adagio*

*Samuel Barber*

FLAUTA 14

La pieza que interpretarás a continuación pertenece al músico alemán Wolfgang Amadeus Mozart, compositor esencial del Clasicismo. Este período situado entre 1750 y 1805, se caracteriza por el orden, el equilibrio y la moderación. Un ejemplo de esto lo encontramos en esta obra, donde Mozart refleja musicalmente la elegancia y el buen gusto, a través de una música destinada al entretenimiento y la diversión.

## *Pequeña Serenata Nocturna*

*W. A. Mozart*

# 6. El color del sonido

## La instrumentación

En esta unidad nos fijaremos en distintos aspectos relacionados con la música vocal (aquella en la que únicamente intervienen voces humanas).

Abordaremos cuestiones relativas a la producción del sonido humano o de cómo el ser humano es capaz de comunicarse con otros por medio de sonidos articulados, y conoceremos la clasificación de las distintas voces humanas.

Del mismo modo, centraremos nuestra atención en los instrumentos musicales y en su clasificación según su aspecto, en los materiales en que han sido fabricados, la forma en que se tocan o la manera en que se disponen en la orquesta sinfónica.

En definitiva, un amplio repaso por lo que supone a las fuentes emisoras a partir de las cuáles surge la música.

## BLOQUE 1 CONTEXTO MUSICAL

En ocasiones habrás observado que un fragmento musical suena diferente, según sea la voz o el instrumento que lo interpreta.

Eso es porque cada voz o instrumento tiene unas cualidades particulares, que sólo posee él, y que permiten identificar quién o qué emite un determinado sonido.

El **timbre** es la cualidad del sonido que nos permite reconocer, sin necesidad de verlo, cualquier tipo de voz o instrumento.

# Timbres vocales

## LA VOZ

En primer lugar centraremos nuestra atención en los aspectos que intervienen en la emisión de la voz y que hacen posible que puedas hablar, comunicarte con los demás o cantar:

### 1. LA RESPIRACIÓN

Es el momento en que cogemos aire (*inspiración*) y en el que lo soltamos (*espiración*). Entre éste y el otro momento, se retiene el aire (*retención*). Este proceso que nos parece tan sencillo es fundamental si queremos tener una buena técnica vocal a la hora de cantar.

INSPIRACIÓN

ESPIRACIÓN

### 2. LA PRODUCCIÓN DE LA VOZ

Existe en nuestro cuerpo todo un complejo mecanismo que permite la emisión de la voz. En el interior de la laringe se encuentran alojados las cuerdas vocales: dos tendones elásticos que vibran con la presión del aire que sale de los pulmones.

Fíjate que cuanto mayor sea la fuerza del aire, mayor será la intensidad de la voz y que el sonido articulado dependerá de una mayor o menor tensión de las cuerdas vocales.

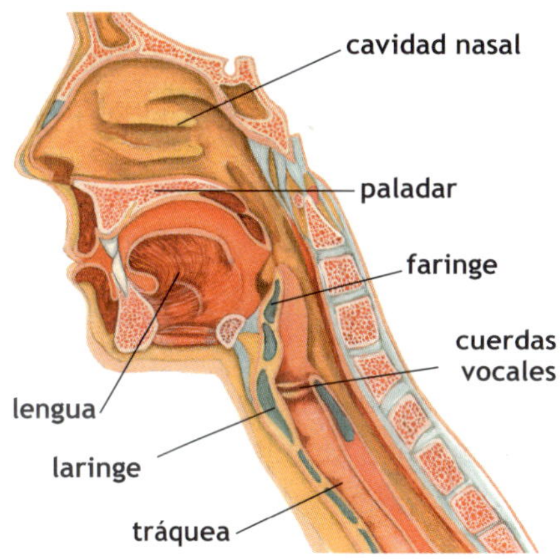


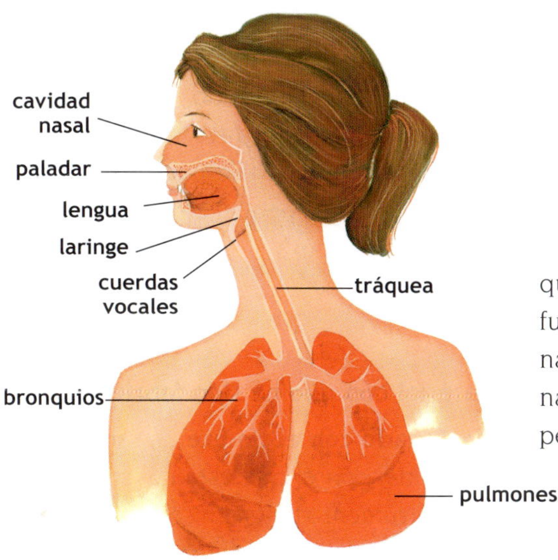


### 3. LOS ELEMENTOS RESONADORES

Nuestro cuerpo actúa como una caja de resonancia que amplifica el sonido y logra que éste suene con más fuerza. Para ello intervienen distintos elementos resonadores como la caja torácica, la tráquea, la laringe, la nariz, la boca, la frente o la forma del cráneo, que nos permiten conseguir diferentes efectos de sonido.

Ahora centraremos nuestra atención en los ***timbres vocales*** que hacen que en alguna ocasión hayas podido reconocer la voz de un cantante tan solo con escucharlo, y que pueden ser clasificados de acuerdo con su *tesitura**.

---

* ***tesitura***: *conjunto de notas musicales que una voz humana puede emitir.*

Ya sabes que las voces agudas corresponden generalmente a las mujeres y las más graves a los hombres. Sin embargo, tanto dentro del género femenino como en el masculino es posible realizar una subdivisión:

1. **Voces blancas** *(voces de mujeres y niños)*
   a. ***Soprano:*** *voz más aguda*
   b. ***Mezzosoprano:*** *voz intermedia*
   c. ***Contralto:*** *voz más grave*

Proyección 1

2. **Voces graves** *(voces de hombres)*
   a. ***Tenor:*** *voz más aguda*
   b. ***Barítono:*** *voz intermedia*
   c. ***Bajo:*** *voz más grave*

Proyección 2

El compositor utiliza la combinación de diferentes timbres de voces para proyectar en el oyente una serie de sensaciones, a través de composiciones donde interviene únicamente la voz (*a cappella*), o bien combinada ésta con instrumentos (*mixto*), tal como puedes observar en la siguiente proyección.

Proyección 3

## Los instrumentos

Con los instrumentos ocurre lo mismo que con las voces. Cada instrumento posee unas características que nos permiten reconocerlo gracias a:

### 1. Su aspecto

Está **relacionado con la altura**, una de las cualidades del sonido, ya que ésta depende del tamaño del instrumento. Cuando escuchas un sonido grave, inmediatamente lo asocias con un instrumento de tamaño grande; al contrario si escuchas un sonido agudo, ya que normalmente pensarás en un instrumento de pequeñas dimensiones.

Proyección 4

### 2. El material con que ha sido fabricado

Está **relacionado con el timbre** de cada instrumento. Del material con el que está construido depende que un instrumento tenga un sonido delicado, aterciopelado o suave (flauta, clarinete, saxofón…) o que tenga un sonido potente, brillante o enérgico (trompeta, trombón, tuba…).

Proyección 5

Y del mismo modo en que las voces se encontraban agrupadas por familias, también lo están los instrumentos, teniendo en cuenta el parecido de sus timbres, el material en que han sido construidos o la forma de obtener el sonido. De esta manera es posible establecer la siguiente clasificación:

## I. INSTRUMENTOS CORRESPONDIENTES A LA FAMILIA DE CUERDA

Está integrada por instrumentos que obtienen el sonido por la vibración de una o más cuerdas y, dependiendo de la forma en que se produzca la vibración encontramos:

**1.1 Instrumentos de cuerda frotada:** en este tipo de instrumentos el sonido se obtiene frotando la cuerda con un arco. Dentro de la orquesta sinfónica, la sección de cuerda está integrada por el **violín**, la **viola**, el **violonchelo** y el **contrabajo**.

Proyección 6

violín

viola

violonchelo

contrabajo

**1.2 Instrumentos de cuerda punteada:** dentro de este tipo de instrumentos encontramos:

Proyección 7

**a)** aquellos instrumentos que producen el sonido al pulsar las cuerdas con una púa, como por ejemplo el **laúd**, o pulsadas por los dedos como el **arpa**.

arpa

guitarra

laúd

**b)** aquellos instrumentos que producen el sonido al pulsar las cuerdas con púas accionadas por medio de un teclado, como por ejemplo el **clavecín**.

Proyección 8

clavecín

**1.3 Instrumentos de cuerda percutida:** en este apartado se recogen aquellos instrumentos que producen el sonido cuando unos pequeños martillitos golpean las cuerdas. Un ejemplo de ello es el **piano**.

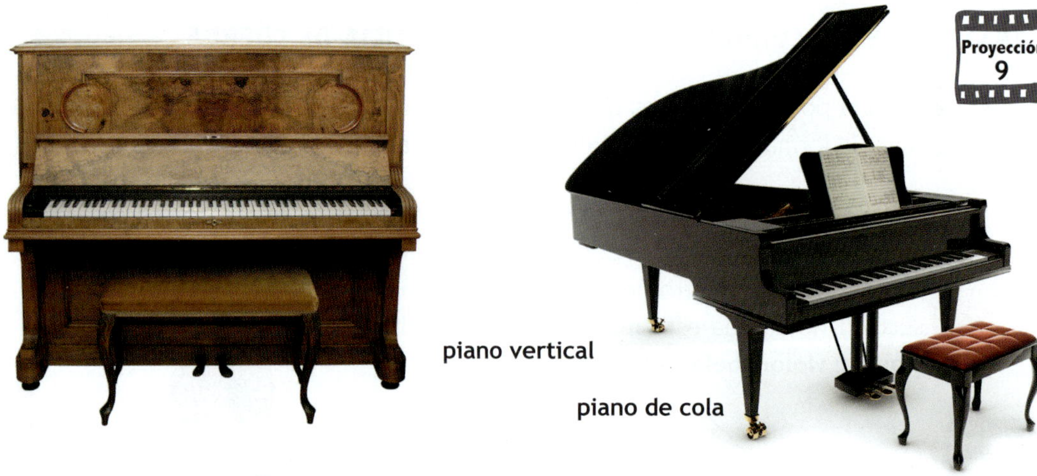


## II. INSTRUMENTOS CORRESPONDIENTES A LA FAMILIA DE VIENTO

En este tipo de instrumentos el sonido se produce cuando una columna de aire pasa por el interior del tubo. Cuanto más corto es el tubo, más agudo es el sonido y cuanto el tubo es más largo el sonido será más grave. Dependiendo del material en que haya sido construido, podremos establecer la clasificación siguiente:

**2.1. Instrumentos de viento madera:** se trata de instrumentos en los que en la mayor parte de su construcción interviene la madera y poseen embocaduras de caña.

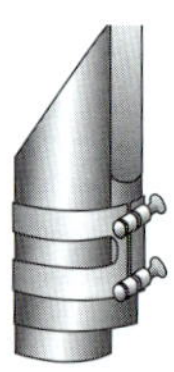

De lengueta simple, como el **clarinete**, **clarinete bajo** y **saxofón**.

Lengueta doble, como el **oboe**, **fagot**, **contrafagot** y **corno inglés**.

De embocadura de bisel como la **flauta travesera** y el **flautín**.

Como observarás, muchos de ellos funcionan mediante un sistema de llaves o mediante la acción de tapar y destapar sus orificios con los dedos. Presentan una campana o pabellón de salida más pequeña para conseguir obtener un sonido más suave, dulce y agradable.

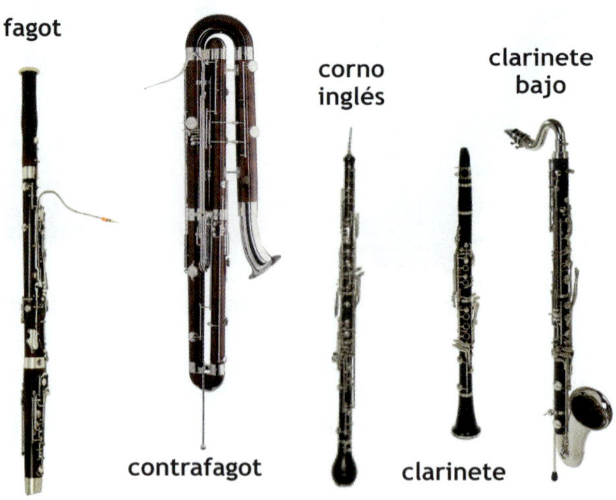

flautín

flauta travesera

oboe

saxofón

Dentro de esta familia hay instrumentos que están construidos en metal como por ejemplo el saxofón y la flauta travesera, sin embargo, están incluidos aquí por su afinidad sonora con el resto de los integrantes de esta familia.

**2.2 Instrumentos de viento metal:** integrado por instrumentos en los que el metal constituye la base de su construcción. Se trata de instrumentos cuya embocadura no es de caña ni de bisel como los anteriores, si no que son de metal y en forma de embudo o copa. Funcionan con un sistema de válvulas o pistones y poseen una campana o pabellón de salida grande que proporciona un sonido potente y brillante. Dentro de esta familia encontramos a los siguientes instrumentos:

Proyección 12

trompeta

trompa

trombón

tuba

**2.3 Instrumentos de viento mixto:** dentro de este apartado situamos a ciertos instrumentos que por sus características particulares no tienen cabida en ninguno de los grupos anteriores. Se trata de instrumentos que emplean diversas formas para obtener la vibración del aire. A continuación te presentamos algunos de ellos:

Proyección 13

acordeón

armónica

órgano

## III. INSTRUMENTOS CORRESPONDIENTES A LA FAMILIA DE PERCUSIÓN

Dentro de esta familia encontramos instrumentos que para producir el sonido han de ser golpeados, agitados, raspados, por medio de baquetas, varitas, palos o martillos, o entrechocados entre sí.

En función del tipo de sonido que producen se pueden clasificar en dos grupos:

**3.1. Instrumentos de percusión de afinación determinada:** son instrumentos que al ser golpeados producen sonidos de altura determinada, es decir, notas concretas que pueden ser escritas en el pentagrama. Entre este tipo de instrumentos encontramos a los siguientes:

**3.1.1. Instrumentos percutidos con baquetas:**

- **a)** de placas de madera: **xilófonos** y **marimba.**
- **b)** de placas de metal: **metalófonos, vibráfono**, **glockenspiel** y **campanas tubulares**.
- **c)** de placas de tecla: **celesta**.
- **d)** de parche: **timbal**.

Proyección 14

celesta

marimba

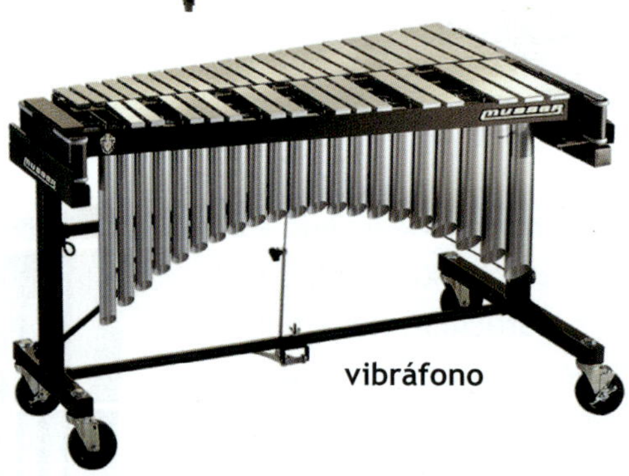

vibráfono

timbal

glockenspiel

campanas tubulares

**3.2. Instrumentos de percusión de afinación indeterminada:** engloba a todos aquellos instrumentos que al ser golpeados, raspados o frotados, producen sonidos de altura indeterminada, es decir, no son notas concretas que puedan ser escritas en el pentagrama, sino una especie de "ruidos musicales". De este tipo de instrumentos son:

**3.2.1. Instrumentos que se percuten con baquetas o con las manos: bombo, tambor, caja, tamtan, pandero, pandereta, sonajero de cascabeles, gong** y **bongo.**

**3.2.2. Instrumentos que se entrechocan: triángulo, caja china, crótalos, claves, castañuelas, Vibra-Slap** y **platillos.**

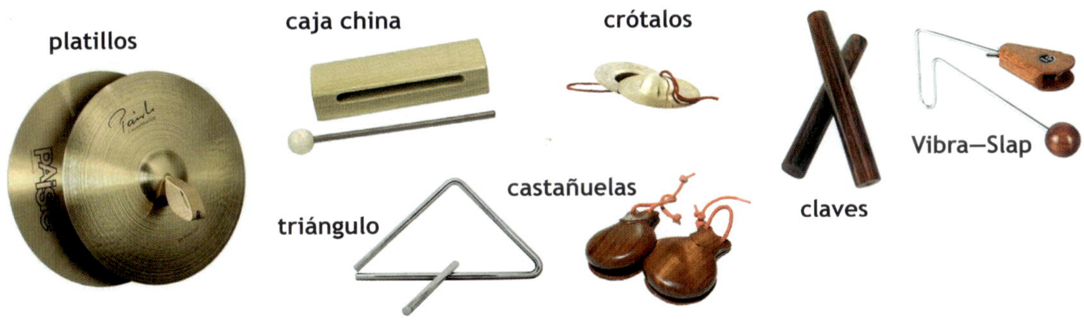


**3.2.3. Instrumentos que se agitan: maracas, cascabeles, látigo, sonajas** y **palo de lluvia.**

**3.2.4. Instrumentos que se raspan: carraca**, **cabasa** y **güiro.**

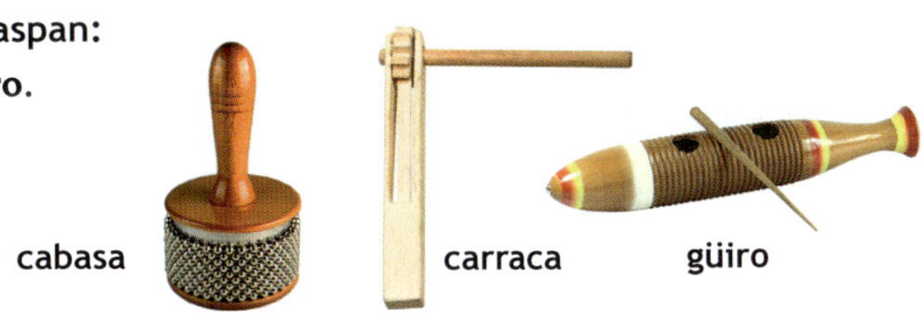


Proyección 15

Ahora que ya conoces las distintas familias de instrumentos que pueden formar parte de la orquesta sinfónica, vamos a ver como se colocan sobre el escenario, ya que hay instrumentos que al tener una mayor potencia sonora, pueden influir sobre el resto de instrumentos que intervienen y que tienen una menor potencia sonora.

Aquí te mostramos de manera gráfica la colocación por separado.

## Familia de cuerda

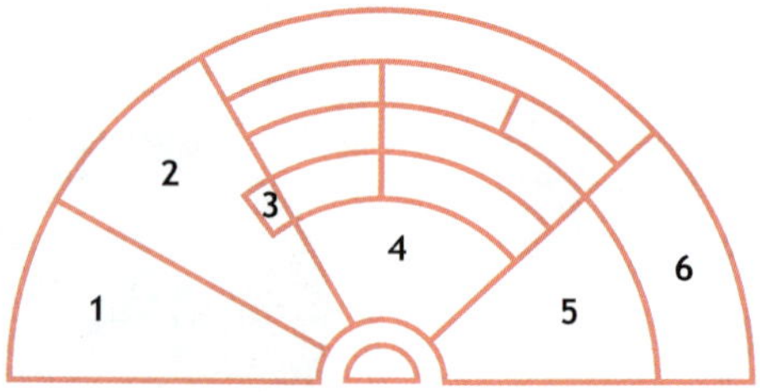


1. Primeros violines
2. Segundos violines
3. Arpa
4. Violas
5. Violoncelos
6. Contrabajos

## Familia de viento madera

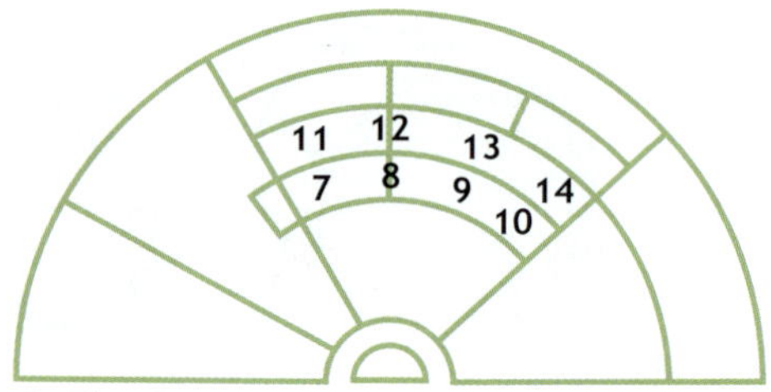


7. Flautín
8. Flautas traveseras
9. Oboes
10. Corno inglés
11. Clarinetes
12. Clarinete bajo
13. Fagots
14. Contrafagot

## Familia de viento metal

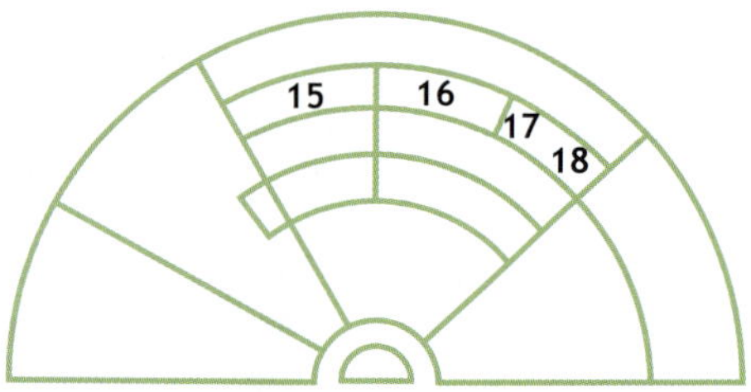


15. Trompas
16. Trompetas
17. Trombones
18. Tuba

## Familia de percusión

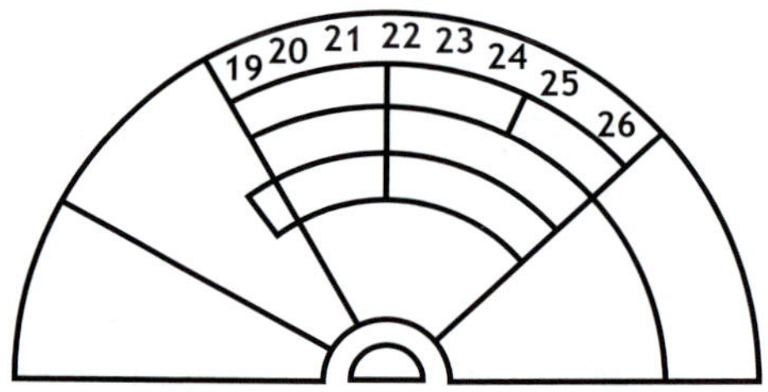


19. Campanas
20. Glockenspiel
21. Xilófono
22. Tamtan
23. Timbales
24. Caja
25. Bombo
26. Platillos

Ahora te presentamos una vista completa de la orquesta sinfónica con todas las familias instrumentales reunidas:

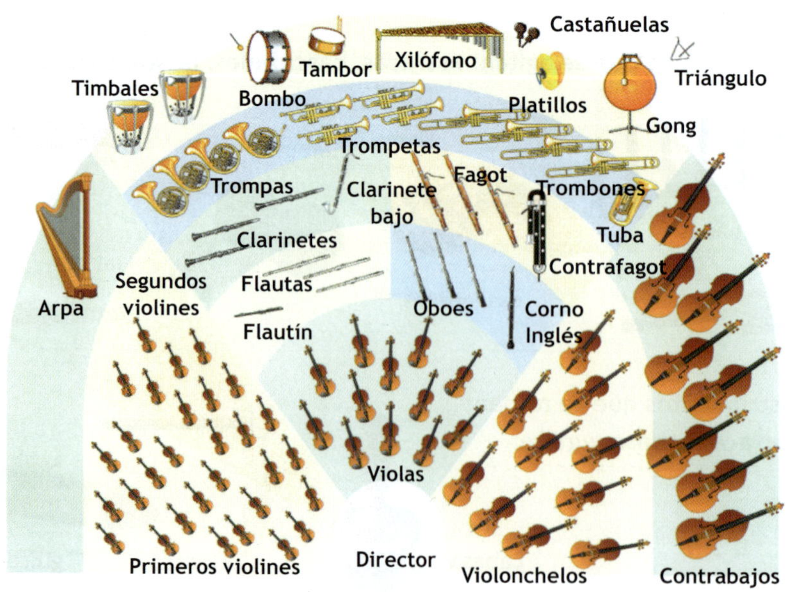


Proyección 16

## IV. INSTRUMENTOS ELECTRÓNICOS

Son instrumentos que, evidentemente, producen el sonido por medios electrónicos y, por tanto, precisan energía eléctrica. Se trata de instrumentos inventados en el siglo XX, y son: **guitarra eléctrica, sintetizador, bajo eléctrico, batería electrónica.**

guitarra eléctrica

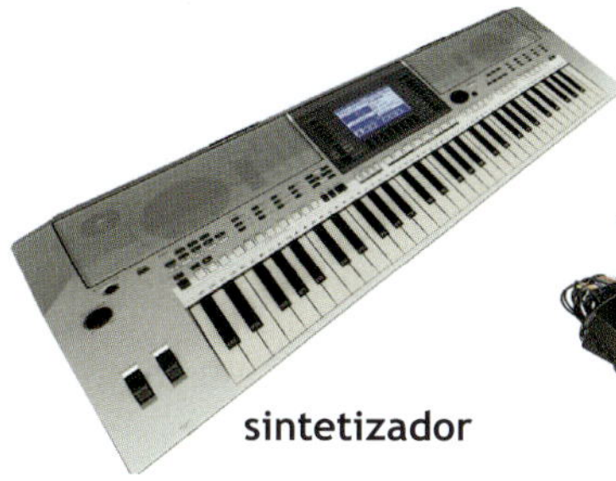

sintetizador

batería electrónica

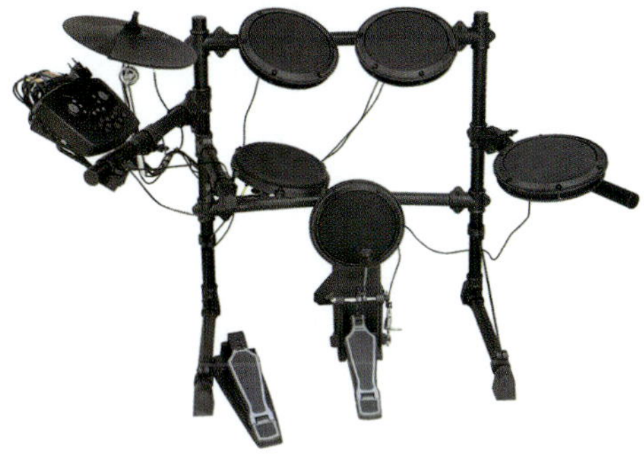

bajo eléctrico

Otros, sin embargo, puede que no te resulten tan conocidos: **sintetizador Moog, ondas Martenot, theremin, órgano electrónico Hammond** y **dinamófono.**

Proyección 17

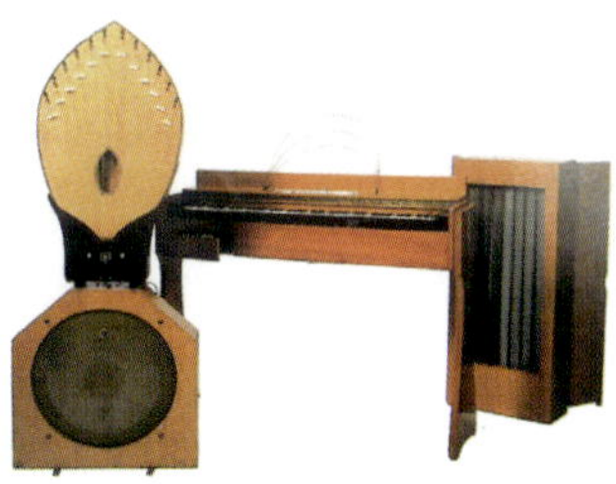

ondas Martenot

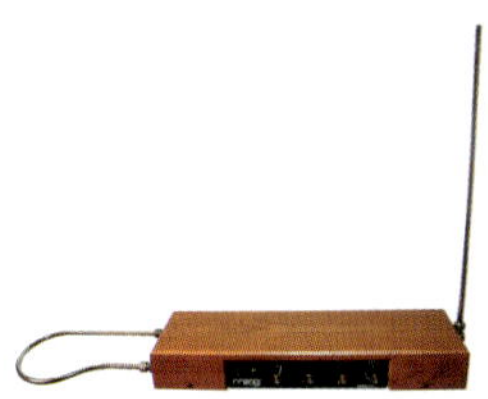

theremin

órgano electrónico Hammond

sintetizador Moog

Realiza las cuestiones planteadas en el CUADERNO DE ACTIVIDADES.

págs. 72-75

Ahora que ya conoces los diversos aspectos relativos a la **instrumentación** vamos a distinguirlos auditivamente a través de algunos fragmentos musicales.

**Realiza las cuestiones planteadas en el CUADERNO DE ACTIVIDADES.**

**págs. 76-82**

## UNA CURIOSIDAD

En su afán por encontrar nuevos caminos musicales, muchos compositores han inventado instrumentos que intentaban recrear distintos aspectos del ruido, ya que consideraban que el ruido forma parte de la vida del ser humano y, por tanto, debía estar presente en la música.

El compositor italiano Luiggi Russolo inventó un instrumento musical llamado *intonarumori*, que recreaba distintos tipos de ruido, incluyéndolo en alguna de sus composiciones.

Proyección 18

*Intonarumori*, Luiggi Russolo 1914

# BLOQUE 3 CONTEXTO CULTUAL

Como ya puedes imaginar, el uso de los instrumentos ha variado según las épocas, ya sea por connotaciones sociales y por el nacimiento, evolución y perfeccionamiento de los instrumentos en cada período concreto, tal y como verás a continuación.

## SIGLOS V-XIV

### ✓ En la Edad Media

- **En la música religiosa** están prohibidos tanto el canto femenino como el uso de instrumentos, ya que podían distraer a los fieles. En los cantos intervienen únicamente voces masculinas *a cappella*.
- **En la música profana** intervienen voces masculinas y femeninas, junto con instrumentos de percusión, viento y cuerda. El laúd (cuerda-punteada) y la viola de roda (cuerda-frotada), son los instrumentos preferidos y empleados por los trovadores y juglares, primeros difusores de la música de esta época.

## SIGLOS XV-XVI

### ✓ En el Renacimiento

- **En la música religiosa** continúan vigentes las prohibiciones del período anterior y en los cantos intervienen únicamente voces masculinas *a cappella* o como máximo, con acompañamiento de órgano.
- **En la música profana** siguen interviniendo voces masculinas y femeninas, junto con instrumentos de percusión, viento y cuerda. El laúd (cuerda-punteada) y la viola (cuerda-frotada), son los instrumentos más apreciados en esta época.

## 1600-1750

### ✓ En el Barroco

La plantilla orquestal no está totalmente configurada y los grupos instrumentales son reducidos, predominado los instrumentos de cuerda frotada (sobre todo el violín, instrumento preferido) y el clavecín (cuerda-pulsada), instrumento característico en casi todas las obras de esta época.

1750-1800

### ✓ En el Clasicismo

Se consolida la formación de la orquesta, aumentado el número de músicos y otorgando especial atención al colorido y sonoridad de cada instrumento. Surgen nuevos instrumentos como el clarinete (viento-madera) y pianoforte (cuerda percutida).

SIGLO XIX

### ✓ En el Romanticismo

Aparecen las grandes orquestas de más de 100 músicos, donde el compositor escoge cuidadosamente los instrumentos más idóneos para reflejar sus sentimientos. Surgen nuevos instrumentos como el flautín, corno inglés, saxofón (viento-madera), piano (cuerda-percutida), marimba, celesta (percusión afin. det.), tuba, bombardino (viento-metal) y los instrumentos que ya existían son mejorados técnicamente.

SIGLO XX-XXI

### ✓ En el siglo XX y hasta la actualidad

De acuerdo con el espíritu de experimentación e innovación y con el avance de las nuevas tecnologías, surgen instrumentos de nueva creación como los instrumentos electrónicos (sintetizador, ondas martenot, theremin, guitarras y bajos eléctricos...), que junto con el uso de los instrumentos convencionales, nos conducirán al fin de la música tonal que existía desde la Edad Media.

**Realiza las cuestiones planteadas en el CUADERNO DE ACTIVIDADES.**

**pág. 83**

Proyección 19

# BLOQUE 4 CREACIÓN MUSICAL

## LAS ALTERACIONES

Las **alteraciones** son signos musicales que sirven para modificar la altura de los sonidos.

### 1. TIPOS DE ALTERACIONES

**SOSTENIDO:**

Se representa mediante este signo ♯ y **sube un semitono** la altura del sonido.

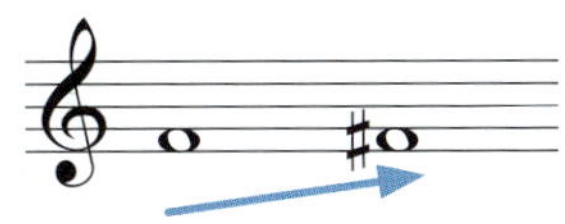

El FA ♯ suena un semitono más alto que el FA natural.

**BEMOL:**

Se representa mediante este signo ♭ y **baja un semitono** la altura del sonido.

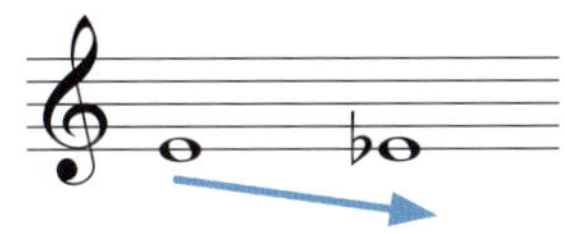

El MI ♭ suena un semitono más bajo que el MI natural.

**BECUADRO:**

Se representa mediante este signo ♮, **anula el efecto** del sostenido y del bemol, y el sonido recupera su altura normal.

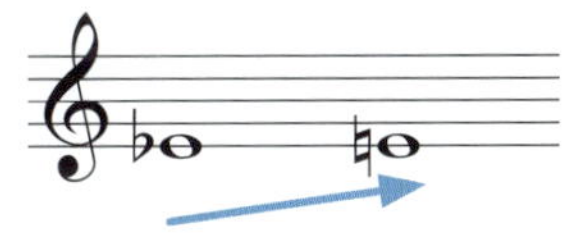

El becuadro en el 2° MI anula el efecto del 1° y por tanto sonará un semitono más alto.

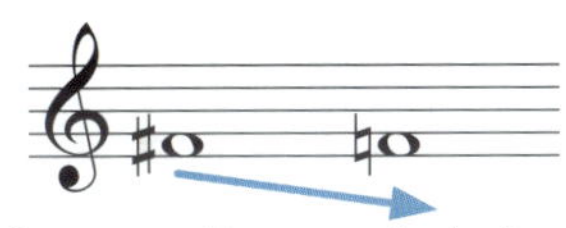

El becuadro en el 2° FA anula el efecto del 1° y por tanto sonará un semitono más bajo.

### 2. COLOCACIÓN DE LAS ALTERACIONES

Para que puedas escribir correctamente las alteraciones, aquí tienes una serie de normas básicas que deberás tener en cuenta:

La alteración se coloca a la **altura** de la cabeza de la figura, es decir, en la misma línea o espacio que ocupe la nota.

MAL

BIEN

Se escribe delante de la nota, nunca detrás, es decir, irá colocada a la izquierda de ésta.

MAL

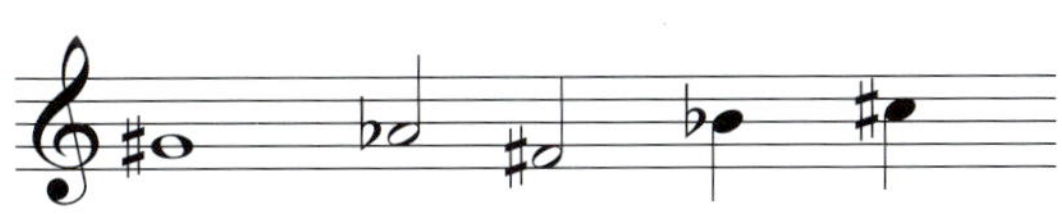

BIEN

- Las **alteraciones accidentales** son aquellas que aparecen a lo largo de la partitura. El efecto de la alteración afecta sólo al sonido que acompaña y su efecto dura un compás, es decir, si ese mismo sonido se repitiese dentro del mismo compás también sonaría alterado, sin embargo, una vez pasado ese compás, el efecto de la alteración desaparece.

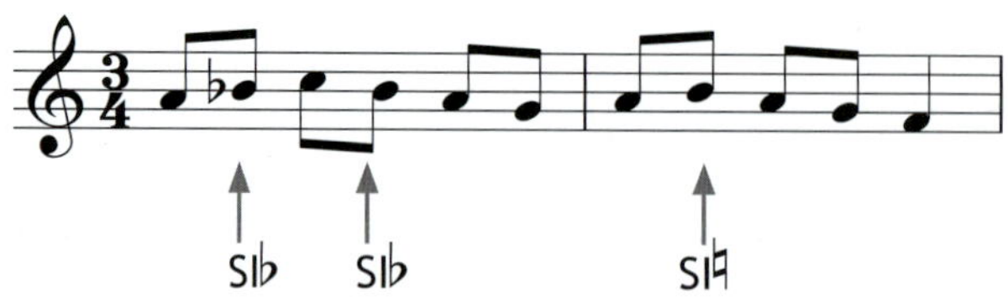


El primer SI es bemol porque así lo indica la alteración, el segundo también es bemol porque el efecto de la alteración dura todo el compás, sin embargo, el tercer Si es natural porque está en un compás diferente y por tanto ya no le afecta la alteración.

- Las **alteraciones propias** son aquellas que modifican a unas determinadas notas durante toda la obra musical. Se colocan al principio de la partitura, entre la clave y el compás, indicando las notas que serán alteradas de una manera fija. A esta conjunto de alteraciones se le llama **armadura**.

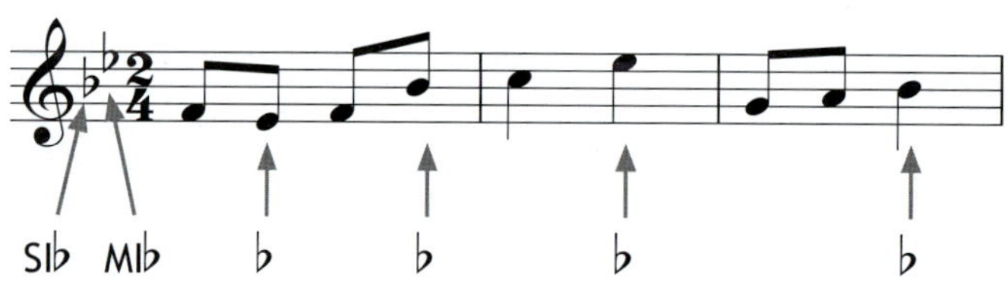


Las alteraciones propias pueden ser anuladas por un becuadro o sustituidas por otra alteración. En estos dos casos se trataría de alteraciones accidentales, ya que se cambia la alteración durante un sólo compás.

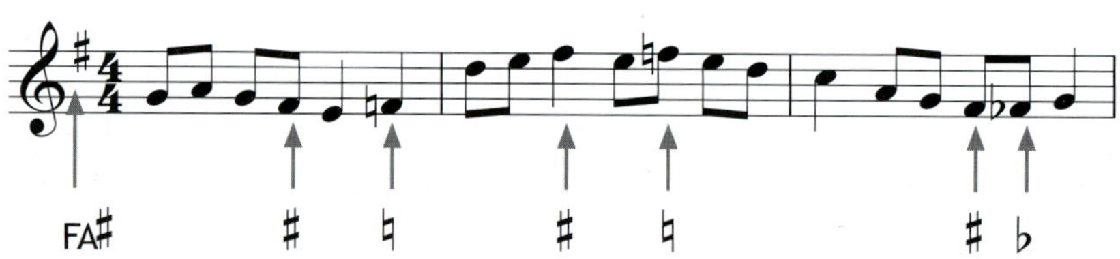

págs. 84-85

**Realiza las cuestiones planteadas en el CUADERNO DE ACTIVIDADES.**

# BLOQUE 5 INTERPRETACIÓN MUSICAL

En este bloque se plantearán actividades instrumentales de tipo melódico que te ayudarán a abordar con éxito las interpretaciones que te propondremos.

## PRÁCTICA INSTRUMENTAL

### A ritmo con notas naturales

Ya sabes que el puntillo aumenta la mitad del valor de la figura a la que acompaña. Por lo tanto, si aparece junto a una corchea, éste tendrá el valor de una semicorchea, es decir, la mitad de su valor. Entre las nueve figuras rítmicas que practicaremos están las siguientes:

**tin ri**

**ri tin**

PRÁCTICA 15

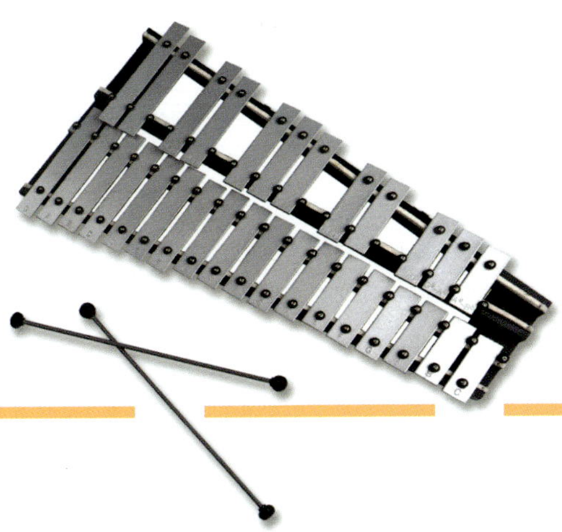

# Rocky

*Bill Conti*

FLAUTA 16

# Yellow Submarine

Lennon & McCartney

# Himno a la Alegría

L. Van Beethoven

**Flauta 1**

La pieza que interpretarás a continuación pertenece al músico alemán Ludwig van Beethoven, compositor del Romanticismo (aunque nació en el Clasicismo), por el estilo apasionado de sus obras. Este período, situado entre 1805 y 1905, se caracteriza por la expresión de los sentimientos, a través de una música extremadamente complicada, apasionada y sentimental.

Como curiosidad te diremos que esta pieza se ha convertido en el Himno Europeo y un alegato a la libertad del ser humano.

**Flauta 2**

## *Himno a la Alegría*

*L. Van Beethoven*

# 7. La sucesión de los sonidos

## La melodía

En esta unidad fijaremos nuestra atención en el elemento musical que nos resulta más reconocible cuando escuchamos una canción: la **melodía.**

Su composición no obedece a patrones ni a reglas concretas y en la creación de una melodía, el compositor emplea los distintos sonidos de la misma manera que tu unes las palabras cuando hablas y vas creando frase tras frase.

Existen compositores, capaces de conseguir crear melodías pegadizas que son reconocidas de una manera casi natural. La muestra más grande de esta naturalidad compositiva la encontramos en Mozart, quien poseía una mente creativa capaz de imaginar cientos de melodías que transcribía prácticamente al dictado.

Pues bien, en las siguientes páginas daremos respuesta a algunas cuestiones relacionados con este elemento musical y comprobaremos como el compositor *juega* con los sonidos de las escalas para conseguir que una melodía se convierta en el medio para expresar su idea musical.

## BLOQUE 1 CONTEXTO MUSICAL

### Melodía y altura

La melodía es, junto al ritmo, la armonía y el timbre uno de los cuatro elementos esenciales de la música y por eso, el compositor sabe que es el medio ideal para transmitir determinadas sensaciones y sentimientos en el oyente.

La **melodía** se define como una sucesión horizontal de sonidos de distintas alturas y duraciones.

Aunque por el carácter de alguna de las melodías que hayas escuchado puedas pensar que se trata de un elemento muy sencillo, verás que esto no es así, en absoluto.

Por eso, en las siguientes líneas te plantearemos algunas preguntas relacionadas con la melodía. Cuestiones que en algún momento te habrás hecho y cuya respuesta quizás, te ayude a profundizar sobre este elemento musical:

¿Porqué nuestro oído es capaz de reconocer si un sonido se repite o si es distinto?

Nuestro oído está diseñado para distinguir perfectamente si son sonidos iguales que se repiten, o si por el contrario se trata de sonidos distintos. Esto es posible gracias a una cualidad del sonido: la ***altura***, que nos permite poder percibir si un sonido es grave o agudo.

El sonido consiste en una onda vibratoria producida por un cuerpo sonoro que se transmite a través de diversos medios (el aire, el agua...) Por eso, la variación de la altura de los sonidos depende de la frecuencia de vibración del cuerpo sonoro, es decir, del número de vibraciones por segundo.

Así, a mayor número de vibraciones por segundo se obtiene un sonido agudo y a menor número de vibraciones por segundo un sonido grave. Fíjate en las siguientes gráficas:

Proyección 1

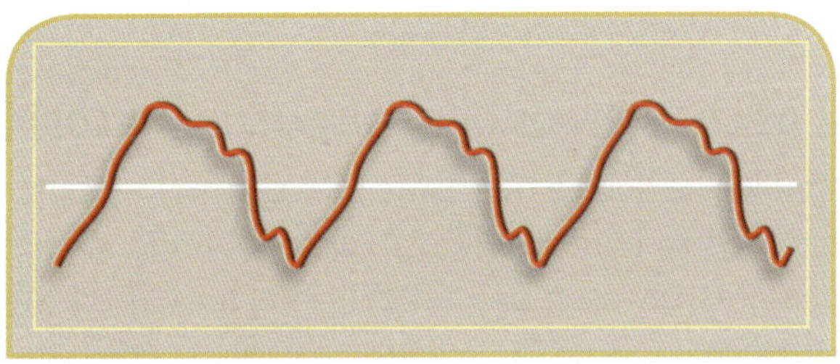

Sonido grave (trompa)

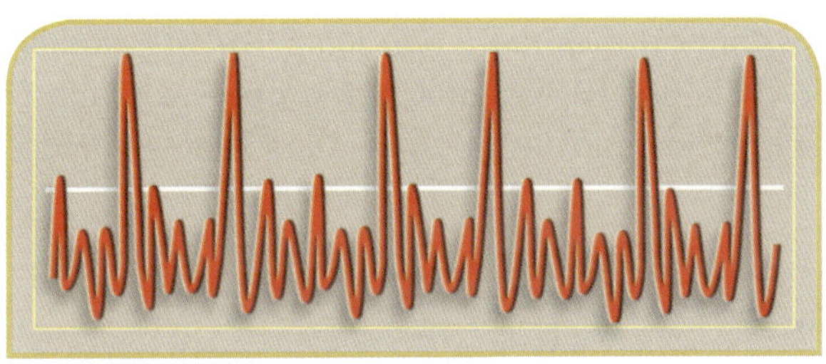

Sonido agudo (trompeta)

**¿QUÉ INSTRUMENTOS O VOCES PUEDEN INTERPRETAR MELODÍAS GRAVES O AGUDAS?**

De la comprobación científica anterior podemos extraer la siguiente conclusión: la altura de los sonidos está directamente relacionada con el tamaño del cuerpo que emite el sonido, de manera que los instrumentos musicales más grandes emiten sonidos más graves, y los instrumentos más pequeños emiten sonidos más agudos.

En la Unidad anterior hablábamos de la producción de la voz y veíamos que las voces masculinas son más graves que las femeninas debido al tamaño de la laringe (mucho más grande en los hombres que en las mujeres y los niños). Esta circunstancia condiciona la interpretación de melodías según sea la altura que éstas presenten.

Lo mismo ocurría con los instrumentos. Recuerda los que formaban la familia de cuerda frotada (violín, viola, violonchelo y contrabajo) y verás que todos ellos presentaban una forma prácticamente idéntica, a excepción de su tamaño, y que eso es precisamente lo que determina la altura del sonido que pueden producir.

### ¿QUIÉN INVENTÓ EL NOMBRE ACTUAL DE LOS SONIDOS QUE FORMAN UNA MELODÍA?

El origen del nombre que reciben los sonidos se debe a un monje benedictino del siglo XI llamado ***Guido D'Arezzo***, que entre sus escritos didácticos creó un sistema, al que denominó *solmisación* (más tarde denominado *solfeo*) para que los cantantes tuviesen una referencia clara y precisa de la altura de los sonidos. Aquí puedes ver lo que se conoce como *mano guidoniana*, que servía para recordar el nombre de los sonidos a los músicos de esta época.

Para ello, *Guido D'Arezzo* se basó en el conocido *Himno a San Juan Bautista*, donde cada verso (escrito en latín), comenzaba en un sonido de la escala, cogiendo así la primera sílaba de cada uno para asignarle el nombre correspondiente, tal y como puedes observar en la adaptación de la partitura original.

## Himno a San Juan Bautista

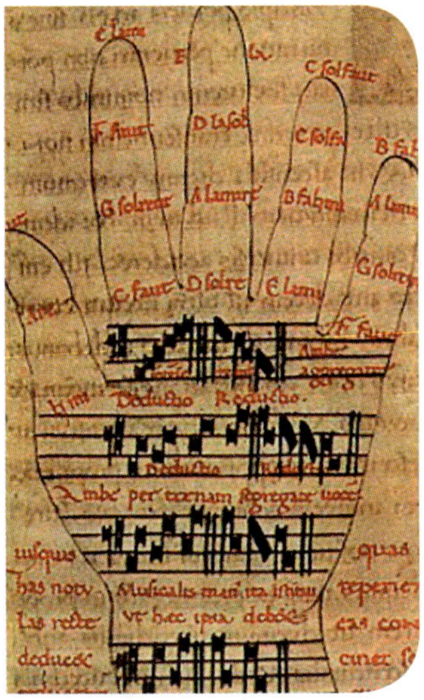

Mano guidoniana

Como aclaración te diremos que la sílaba UT que correspondía a la nota Do, se cambió, posteriormente, por la sílaba DO, ya que su pronunciación dificultaba la lectura. En cuanto a la sílaba correspondiente a la nota SI, fue a finales del siglo XVI cuando a partir de las dos primeras letras de las palabras Sancte Ioannes del himno, se estableció el nombre la séptima nota.

Como has podido comprobar, muchos son los factores que inciden en la realización de una melodía y es realmente difícil dar unas indicaciones concretas para crearla. Sin embargo, una vez la melodía está escrita en la partitura, nos puede resultar bastante fácil conocer el tipo de *línea melódica* creada por el compositor, siguiendo estas indicaciones:

## Líneas melódicas

Si dibujas una línea uniendo la cabeza de las notas, observarás que aparece una línea en forma de gráfico. Es la ***línea melódica*** y aunque, evidentemente, pueden haber tantas líneas melódicas como canciones, podemos establecer una clasificación con cinco *tipos de líneas melódicas*:

**a)** ***Melodía plana:*** se trata de una melodía completamente plana, con una línea en la que los sonidos prácticamente no se mueven. Aquí tienes un ejemplo:

En la música actual, encontramos algún estilo musical como el ***rap***, que emplea este tipo de melodía. Es lo que conocemos como *recitativo*: una voz hablada con acompañamiento instrumental.

**b)** ***Melodía ondulada:*** es una melodía con una línea de sonidos que suben y bajan con pequeñas distancias, formando una suave ondulación. Este tipo es el más empleado en gran número de canciones, sobre todo populares. Observa este ejemplo:

**c) *Melodía en arco:*** se trata de una melodía que comienza con notas graves y asciende hasta las notas más agudas, momento en que vuelve a descender a las más graves de la misma manera. También puede comenzar con agudas y descender a las más graves, para terminar, de nuevo, en las notas más agudas. Aquí tienes un ejemplo

Proyección 5

**d) *Melodía en zig-zag o de gran ondulación:*** es una melodía formada por una línea de sonidos entre los que existen grandes distancias. Aquí tienes un ejemplo:

Proyección 6

**e) *Tipo no melódico:*** en este caso hay una ausencia de melodía. Se trata de composiciones realizadas por instrumentos de afinación indeterminada, es decir, instrumentos que producen sonidos que no se pueden escribir en el pentagrama, como por ejemplo algunos de la familia de percusión, con voces o gritos, ruidos, etc. Observa la siguiente línea:

Proyección 7

Percusión

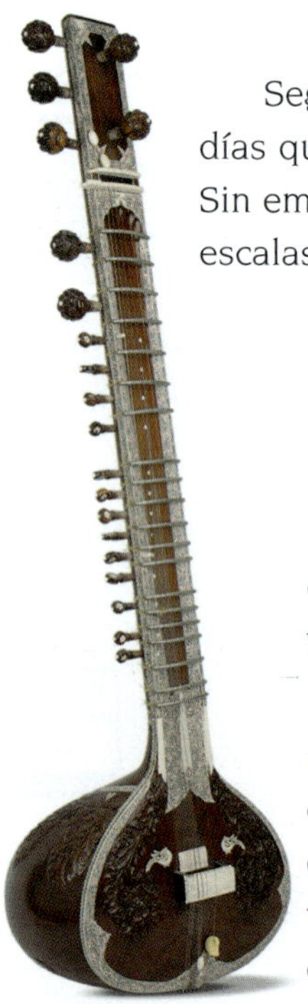

Seguro que estas familiarizado con los distintos sonidos que aparecen en las melodías que escuchas, seguramente muchas de ellas pertenecientes a la cultura occidental. Sin embargo hay otras culturas que emplean los sonidos de distinta manera para formar escalas y melodías diferentes a las nuestras, transmitiendo otras sensaciones.

## Melódias exóticas

### 1. MELODÍAS HINDÚES

En la música de la India, Pakistán o Bangladés, el esquema melódico de una composición se denomina *raga*. Está basado en una serie de 5 a 7 notas musicales y en patrones rítmicos característicos sobre los que se fundamenta la melodía.

Esta música suele ser interpretada por ciertos instrumentos que, como el *sitar* (instrumento de cuerda pulsada, con 16 ó 20 trastes móviles que el instrumentista coloca para afinar de distinto modo las cuerdas), resulta ideal para expresar el lento desarrollo de los *ragas* a través de una interpretación virtuosa, y resulta imposible transcribirla a notación occidental ya que en nuestro sistema musical, la octava se divide en 12 semitonos y en la música hindú se divide en 22 *srutis*.

Como curiosidad, te diremos que en la tradición musical india los *raga* se interpretan según la hora del día o en estaciones concretas del año, y que en 1965 George Harrison, uno de los cuatro integrantes de los Beatles, introdujo por primera vez la música hindú en Occidente en varias de sus composiciones, mostrando así su interés por la cultura y religión hindú.

Proyección 8

## 2. MELODÍAS CHINAS

La música china es tan antigua como su civilización y era una de las cuatro materias que los hijos de los nobles y los príncipes, estaban obligados a estudiar.

Según la filosofía establecida por Confucio, la música servía para calmar las pasiones y para purificar los pensamientos, de manera que se creía en la influencia del sonido sobre la armonía del Universo y por eso inventaron instrumentos formados con diferentes materias primas, divididos en 8 grupos: piedra, metal, seda, bambú, madera, cuero, calabaza y tierra.

La mayor parte de las melodías chinas emplean la escala pentatónica formada por 5 sonidos (do–re–fa–sol–la) a distancia de tono, en contraposición a la cultura occidental donde se emplea la escala de 7 sonidos con 5 tonos y dos semitonos.

Curiosamente, la leyenda establece que la escala pentatónica fue creada por un legendario emperador, quien cortó cañas de bambú de diferentes medidas, atribuyendo a cada nota un significado concreto:

**FA** representaba al príncipe. **Do** a los negocios. **Sol** a los ministros. **La** al pueblo y **Re** a los objetos.

Proyección 9

## 3. MELODÍAS ÁRABES

Refleja las tradiciones de los pueblos bereberes y de las tribus beduinas a través de una música enormemente influida por el Islam, donde la música y la poesía forman un solo elemento.

A diferencia de la música occidental (que utiliza distancias de tono y semitono), en las melodías árabes se emplean intervalos más pequeños, de cuarto de tono, que combinados entre sí forman las diferentes tipos de escalas, sobre las que se desarrollan melodías muy ornamentadas.

Las melodías árabes provienen de una amplia variedad de modos melódicos, *maqamat*, que utilizan más notas en cada octava que nuestro sistema occidental, de manera que muchas melodías no pueden interpretarse con instrumentos occidentales como, por ejemplo, el piano, ya que éste no dispone de suficientes sonidos para ello.

Proyección 10

## 4. MELODÍAS FLAMENCAS

Musicalmente, el flamenco se basa en un sistema armónico en que se funden elementos de antiguas melodías árabes, cánticos judíos de las sinagogas, fragmentos de melodías bizantinas y viejas canciones y ritmos africanos, traídos por los esclavos negros desde África antes de partir hacia las plantaciones de algodón americanas desde el puerto de Cádiz.

Las melodías flamencas emplean la antigua escala frigia griega junto con una escala modificada que recuerda al sistema arábico de modos llamado *maqamat* empleando las notas (*mi fa sol la si do re mi*) y en las que juega un papel esencial un instrumento: la guitarra, utilizada tanto como instrumento solista, como para acompañar la voz o el baile a través de vigorosas melodías, con acordes y diferentes ritmos de percusión.

Cuando veas alguna interpretación de flamenco, fíjate y observarás que la danza de los hombres se caracteriza por el *zapateado* y por *el juego de pasos de planta y tacón*, mientras que la danza de las mujeres se basa más en los *movimientos de las manos* y *en la gracia del cuerpo*.

Proyección 11

**págs. 86-87**

**Realiza las cuestiones planteadas en el CUADERNO DE ACTIVIDADES.**

## BLOQUE 2 ESCUCHA

Ahora que ya conoces los diversos aspectos relativos a la **melodía**, vamos a distinguirlos auditivamente a través de algunos fragmentos musicales.

págs. 88-95

**Realiza las cuestiones planteadas en el CUADERNO DE ACTIVIDADES.**

### UNA CURIOSIDAD

En la antigua civilización egipcia no existía una notación musical para determinar la altura de los sonidos tal y como la conocemos hoy en día, pero ellos desarrollaron la ***quironimía,*** que consistía en determinados signos manuales y posiciones del brazo que determinaban la altura de algunos sonidos. Una de las manos dirigiría la melodía y la otra mano, según su posición (en la oreja, el muslo o la rodilla), haría referencia a las distintas *escalas* en que se debía interpretar la pieza musical en cuestión. Se ha encontrado en varios grabados y relieves de la época a directores que indican a grupos de músicos esta clase de signos manuales.

En la época reciente algunos directores gesticulan mucho al dirigir, potenciando ciertos movimientos con el cuerpo. Un ejemplo de esta forma de dirigir es la del compositor y director de orquesta Gustav Mahler, cuyos movimientos eran calificados de "fogosos y violentos" agitándose continuamente, a pesar de dirigir siempre sentado.

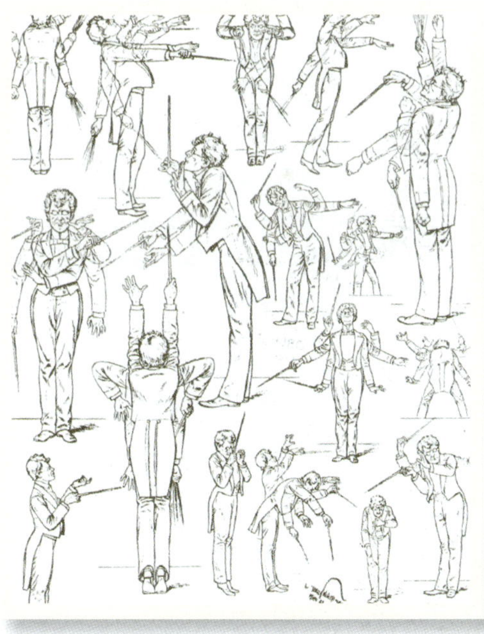

Caricatura de 1901 de la revista humorística *Fligende Biatter* del estilo de dirigir de Mahler

Proyección 12

Ya has podido comprobar la importancia que tiene la melodía, dentro de la creación musical. El tratamiento de la melodía ha sido siempre diferente para los músicos de cada época, tal y como comprobarás a continuación.

**SIGLOS V-XIV**

### ✓ En la Edad Media

- **En la música religiosa** el canto gregoriano, destinado a la oración y a la meditación, requiere una melodía de suave ondulación, recatada y sin virtuosismos.
- **En la música profana** la mayoría de las canciones no requerían una gran exigencia, ya que eran interpretadas por los juglares y trovadores, (músicos no profesionales en su mayoría), por lo que se emplea el mismo tipo de melodía.

**SIGLOS XV-XVI**

### ✓ En el Renacimiento

**En la música religiosa** se dan las mayores innovaciones compositivas, ya que no aparece una sola melodía principal, sino que suenan varias y de forma simultánea, surgiendo la polifonía (varias melodías), empleándose el tipo de melodía de suave ondulación, al igual que en la **música profana,** aunque las composiciones son de menor dificultad técnica.

**1600-1750**

### ✓ En el Barroco

El dominio extraordinario de la técnica vocal e instrumental conocida como *virtuosismo*, se refleja a través de melodías repletas de adornos y refinamientos, extremadamente recargadas, complicadas y extravagantes, que requieren unas cualidades interpretativas excepcionales, haciendo que los intérpretes se conviertan en dioses de la escena musical.

**1750-1800**

### ✓ En el Clasicismo

El regreso al orden y a la claridad en la música tras los excesos del Barroco hace que las melodías muestren el buen gusto, el orden y la moderación. La burguesía compra instrumentos y partituras buscando una música sencilla que pueda tocar y entender.

**SIGLO XIX**

### ✓ En el Romanticismo

En esta época la música se convierte en el vehículo para expresar los sentimientos. Por eso, los compositores crean melodías apasionadas y con grandes contrastes expresivos, de gran dificultad interpretativa.

**SIGLO XX-XXI**

### ✓ En el siglo XX y hasta la actualidad

Novedosas corrientes reivindican la negación de la melodía y de la armonía que había estado vigente hasta ahora. Los compositores buscan lo desconocido y la experimentación a través de nuevas técnicas compositivas como el atonalismo que dan lugar a obras donde no existe la melodía, sustituyéndola por el ritmo o la textura, empleando voces, ruidos o sonidos artificiales.

**Realiza las cuestiones planteadas en el CUADERNO DE ACTIVIDADES.**

**pág. 96**

Proyección 13

# BLOQUE 4 CREACIÓN MUSICAL

## ESCALAS E INTERVALOS

### 1. ESCALAS

Se llama **escala** a la sucesión de varios *sonidos consecutivos*, dispuestos en sentido ascendente o descendente.

**Escalas ascendentes**: Cuando los sonidos están ordenados de grave a agudo, es decir, de menor a mayor altura.

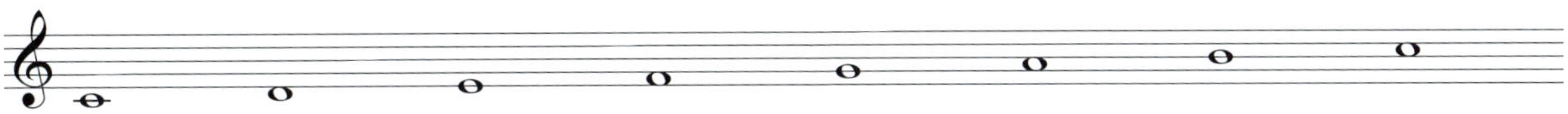

**Escalas descendentes**: Cuando los sonidos están ordenados de *agudo a grave*, es decir, de mayor a menor altura.

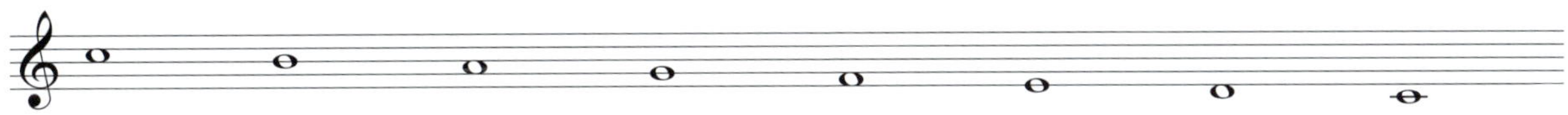

**¿Cómo se nombran las escalas?** Las escalas reciben un nombre en función del primer y último sonido. Observa que las dos escalas anteriores comienzan y terminan por la nota DO, por tanto, se llamarán *escala de DO*.

### 2. GRADOS DE UNA ESCALA

Las notas de forman una escala reciben el nombre de **grados**. Dependiendo del lugar que ocupa cada grado se le asigna un número (romano).

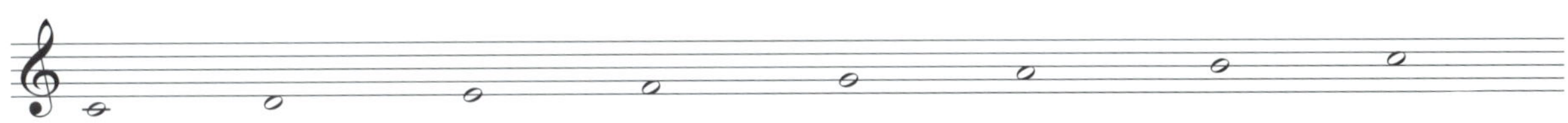

I II III IV V VI VII I

*Observa como el sonido Do, cuando aparece de nuevo, se vuelve a numerar igual (I) independientemente de su altura.

**¿Cómo se nombran los grados de una escala?** Además de numerar cada grado, estos también tienen un nombre concreto.

I Tónica
II Supertónica
III Mediante
IV Subdominante
V Dominante
VI Superdominante
VII Sensible

## 3. INTERVALOS

En música llamamos **intervalo** a la *distancia* que hay entre dos notas. Esa distancia se mide contando las notas que hay desde la primera a la última (ambas incluidas) y se indica mediante un *número ordinal*. Se escribe delante de la nota, nunca detrás, es decir, irá colocada a la izquierda de ésta.

Por ejemplo, el intervalo que hay de DO a FA es de 4ª.

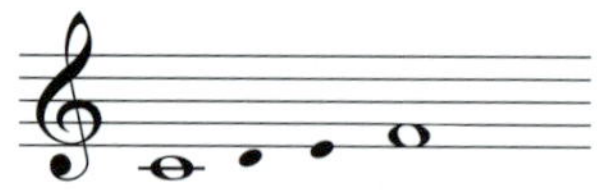

**1ª 2ª 3ª 4ª**

Según la dirección de los sonidos, los intervalos pueden ser **ascendentes** o **descendentes**.

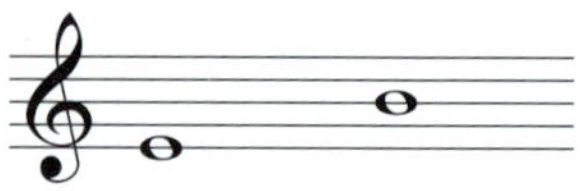

**5ª ascendente**

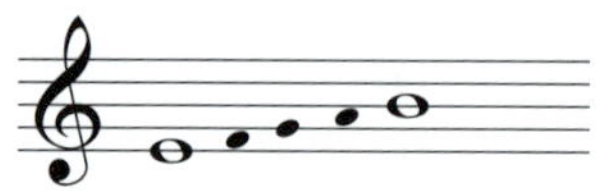

**1ª 2ª 3ª 4ª 5ª**

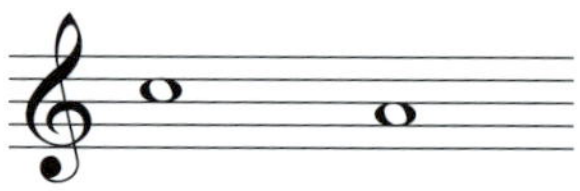

**3ª descendente**

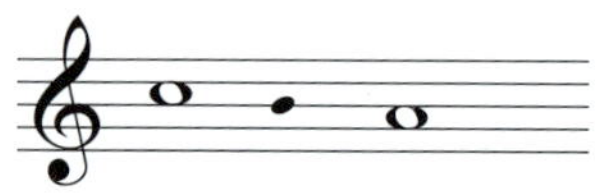

**1ª 2ª 3ª**

## 4. TONO Y SEMITONO

La **unidad de medida** empleada para indicar la distancia entre dos sonidos consecutivos es el **tono** y el **semitono**.

Entre todos los sonidos consecutivos y naturales hay una distancia de 1 tono, excepto entre los sonidos **Mi-Fa** y **Si-Do**, que tienen una distancia de semitono.

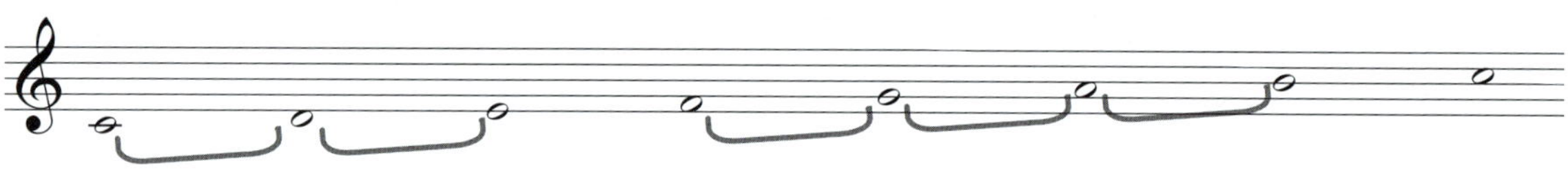

**1 tono 1 tono semitono 1 tono 1 tono 1 tono semitono**

**¿Cómo saber los tonos y semitonos que tiene un intervalo?**

**1º** Contamos los sonidos que lo forman y lo clasificamos (2ª, 3ª, 4ª…)

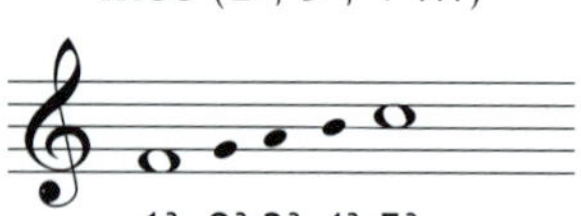

**1ª 2ª 3ª 4ª 5ª**

**INTERVALO DE 5ª**

**2º** Indicamos su dirección (ascendente o descendente)

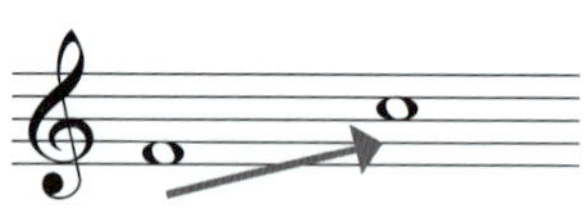

**ASCENDENTE**

**3º** Sumamos los tonos y semitonos que hay entre todas las notas

**1 tono 1 tono 1 tono semitono**

**4º CLASIFICACIÓN:** Intervalo de 5ª Ascendente con 3 tonos y un semitono (3´5 t)

**Realiza las cuestiones planteadas en el CUADERNO DE ACTIVIDADES.**

**págs. 97-101**

# BLOQUE 5 INTERPRETACIÓN MUSICAL

En este bloque se plantearán actividades instrumentales de tipo melódico que te ayudarán a abordar con éxito las interpretaciones que te propondremos.

## PRÁCTICA INSTRUMENTAL

**Practicamos el Mi agudo**

PRÁCTICA 16

PRÁCTICA 17

## Imagine

*John Lennon*

**Flauta 1**

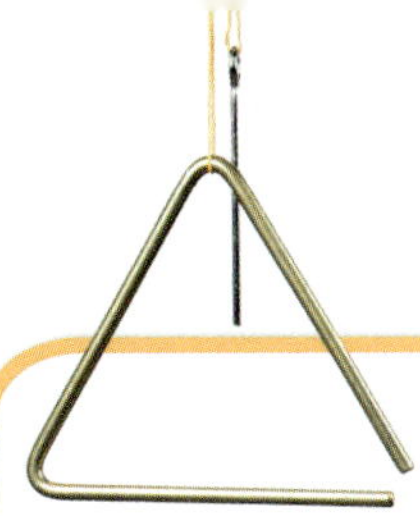

## INTERPRETACIONES PARA INSTRUMENTAL ORFF

En este apartado te proponemos la interpretación con el instrumental Orff de una pieza musical que puedes descargar de la página www.tabarcallibres.com

Flauta 2

# *Imagine*

*John Lennon*

FLAUTA 19

# Every Breath You Take

*The Police*

FLAUTA 20

La pieza que interpretarás a continuación pertenece al músico checo Antonin Dvorak y se trata de la 9ª Sinfonía, su obra orquestal más conocida, compuesta en 1893 durante su estancia en Estados Unidos como director del Conservatorio de Nueva York. Situado dentro del período conocido como Nacionalismo (1848-1950), su música refleja la búsqueda de la propia identidad a través del folclore y de las tradiciones de su propio país, al igual que ocurre con el resto de compositores de este período.

## Sinfonía Nuevo Mundo

(2º movimiento)

Dvorak

# 8. El tejido musical

## La textura

En la unidad anterior hemos conocido los distintos tipos de líneas melódicas que podemos encontrar en música y, para que las pudieses comprender, hemos analizado la música como si únicamente pudiéramos escuchar una sola línea de sonido.

Sin embargo, ya sabes que esto no es exactamente así, ya que cuando escuchas cualquier canción observas que hay diferentes líneas de sonidos que se combinan entre sí formando la pieza musical.

Imagina un edificio. Si te fijas verás que está formado por diferentes plantas que se sitúan una sobre otra. La suma de todas las plantas forma el edificio.

En música ocurre algo parecido: una canción es como un edificio y cada planta es una línea de sonidos. Al igual que el edificio, una canción es el resultado de la suma de las "plantas" (líneas sonoras) que la forman.

En esta unidad conocerás la manera en que el compositor combina y ordena las distintas líneas sonoras para conseguir crear una pieza musical que resulte atractiva al oyente.

## BLOQUE 1 CONTEXTO MUSICAL

Al igual que cuando un arquitecto diseña un edificio tiene en cuenta las características que desea para cada planta, también el compositor para crear una canción tiene en cuenta como *jugar* con los distintos elementos musicales a la hora de elaborar cada línea sonora, para luego combinarlas y obtener el resultado deseado.

La manera en que se combinan y ordenan las distintas líneas sonoras (rítmicas, armónicas, melódicas...) dentro de una obra musical se conoce con el nombre de **textura.**

La palabra **textura** proviene del latín (*textura-texturae*) y significa *tejido* en referencia a la disposición de los hilos de una tela.

En música, los *hilos* son los elementos musicales (la melodía, el ritmo, la armonía...) que al combinarlos, forman una obra musical (*tejido*).

A continuación conocerás cómo se combinan las diferentes líneas sonoras, para obtener distintos tipos de texturas:

## LA TEXTURA MONOFÓNICA

Es la más simple de todas las texturas, (*mono* = uno / *fono* = sonido), ya qué se trata de *una sola línea melódica* desprovista de cualquier tipo de acompañamiento harmónico-instrumental, aunque sí puede presentar acompañamiento rítmico.

Un ejemplo de este tipo de textura lo encontramos en el *canto gregoriano* (diversas voces masculinas interpretando la misma melodía) o en *cantos tribales* (diversas voces que interpretan la misma melodía acompañados de instrumentos de percusión de sonido indeterminado).

Aquí tienes un ejemplo de textura monofónica en un extracto de una canción del siglo XV:

Proyección 1

### La heterefonía

Este tipo de textura es una variante de la anterior y es más compleja. Al igual que ella, consiste en *una sola melodía* interpretada de forma sencilla y que es *adornada*, al mismo tiempo, por otro instrumento *con alguna pequeña variación melódica*, que en ningún caso es considerada como una segunda melodía.

Un ejemplo de este tipo de textura es el canto de los trovadores, donde existe una voz que canta la melodía y uno o varios instrumentos que la *doblaban*, realizando pequeños adornos.

Para que lo comprendas fácilmente te presentamos un ejemplo de este tipo de textura.

Mira las notas de la melodía interpretada por la voz y fíjate en las notas que son comunes a las dos melodías. Observa que el resto de notas corresponden a pequeños adornos melódicos.

Proyección 2

## LA TEXTURA POLIFÓNICA

Este tipo de textura surge como consecuencia de la evolución que va sufriendo la música a través del tiempo. Los compositores comienzan a combinar, de forma simultánea, distintas melodías, cada una de ellas con un carácter propio.

La palabra ***polifonía*** (*poli* = varios / *fonos* = sonidos), hace referencia a dos o más líneas melódicas, que suenan de manera simultánea y que avanzan de forma independiente, con la misma importancia.

Sin embargo, el compositor puede combinar las distintas líneas melódicas de distintas maneras. Dependiendo de ello, dentro de este tipo de textura, encontramos dos variantes:

### a. La textura homofónica

Este tipo de textura está formada por *varias líneas melódicas*, distintas y de igual importancia, que avanzan de forma independiente *con el mismo ritmo*.

Aquí tienes un ejemplo de este tipo de textura en una composición para voces, aunque también puede ser para instrumentos o para voces e instrumentos:

Observa que las figuras rítmicas son las mismas para las 3 melodías, pero los sonidos que las integran son diferentes.

Proyección 3

Fíjate y comprobarás que en la mayoría de los estribillos de las canciones pop suelen aparecer dos voces con el mismo ritmo, pero con diferente altura. Es una manera de realzar la importancia del estribillo.

### b. La textura contrapuntística

Este tipo de textura está formada por *varias líneas melódicas* distintas y de igual importancia, que avanzan de forma independiente y *con distinto ritmo*.

Aquí tienes un ejemplo de partitura de este tipo de textura:

Observa que las figuras rítmicas son distintas para cada una de las 3 melodías, al igual que los sonidos que las integran.

Proyección 4

### c. La textura de melodía acompañada

Se trata de un tipo de textura, en la que aparece *una sola melodía*, realizada por una voz o un instrumento, *con acompañamiento armónico-instrumental*, a cargo de distintas voces o instrumentos.

En este tipo de textura, las líneas melódicas que la forman, están tan relacionadas entre sí, que por separado pierden parte de su sentido musical.

Aquí te presentamos un ejemplo de este tipo de textura, en una composición para voz y piano, aunque existen otras combinaciones instrumentales para esta textura:

Observa que en este tipo de textura predomina el acompañamiento de acordes. Un ejemplo muy sencillo lo encontramos en la música pop, donde el canto es acompañado con acordes de guitarra o de piano.

Proyección 5

**Realiza las cuestiones planteadas en el CUADERNO DE ACTIVIDADES.**

**págs. 102-104**

Ahora que ya conoces los diversos aspectos relativos a la **textura**, vamos a distinguirlos auditivamente a través de algunos fragmentos musicales.

págs. 105-109

**Realiza las cuestiones planteadas en el CUADERNO DE ACTIVIDADES.**

## UNA CURIOSIDAD

La teoría basada en la idea de que el Universo está gobernado según proporciones numéricas armoniosas y que el movimiento de los cuerpos celestes (el Sol, la Luna y los planetas) se rige por proporciones musicales, encuentra sus orígenes en la expresión griega *harmonia tou kosmou* (armonía del cosmos), sustentada por grandes pensadores que como Pitágoras, Aristóteles o Platón, afirmaban que los grandes astros generaban una armonía que nacía de su movimiento orbital, generando un sonido armonioso.

**Proyección 6**

## BLOQUE 3 CONTEXTO CULTURAL

Ya has podido comprobar la importancia que tiene la combinación de las melodías dentro de la creación musical. A continuación conocerás el tratamiento dado por los músicos en las distintas épocas.

### SIGLOS V-XIV

#### ✓ En la Edad Media

**En la música religiosa,** el canto gregoriano, destinado a la oración y a la meditación, requiere el empleo de una textura muy sencilla, *la textura monofónica* (una sola línea melódica, sin acompañamiento instrumental).

**En la música profana** la mayoría de las canciones interpretadas por los juglares y trovadores emplean, además de la textura monofónica, una variante de ésta: *la textura heterofónica*, donde la melodía cantada es "doblada" por uno o varios instrumentos, realizando la misma melodía aunque con ligeros adornos.

### SIGLOS XV-XVI

#### ✓ En el Renacimiento

**En la música religiosa** se dan las mayores innovaciones compositivas, surgiendo *la textura polifónica* en la que varias melodías independientes y de igual importancia se combinan de forma simultánea. Es la época de mayor esplendor y desarrollo de este tipo de textura con sus dos variantes: homofónica y contrapuntística.

### 1600-1750

#### ✓ En el Barroco

Fruto del nacimiento de la ópera y de la interpretación de arias y recitativos, aparece un nuevo tipo de textura denominado *textura de melodía acompañada*, que consiste en la interpretación de una sola melodía, por una voz o instrumento, con acompañamiento armónico-instrumental a cargo de un grupo de instrumentos o de un instrumento polifónico.

### 1750-1800

### ✓ En el Clasicismo

Los compositores están interesados en la sencillez y claridad de la melodías. Esto hace que huyan de las antiguas y complejas texturas polifónicas y que continúen empleando la *textura de melodía acompañada* que apareció en el período anterior.

### SIGLO XIX

### ✓ En el Romanticismo

El interés por transmitir a través de la música los más variados sentimientos lleva a los compositores de este período a emplear todos los tipos de texturas hasta ahora conocidos. Esa búsqueda de expresar al máximo les conducirá a emplear *texturas de acordes cada vez más disonantes* y cromatismos con una finalidad claramente expresiva.

### SIGLO XX-XXI

### ✓ En el siglo XX y hasta la actualidad

El límite dentro de la creación musical ha desaparecido en esta época. Con la ruptura de la tonalidad, el empleo de la disonancia se lleva hasta los últimos extremos. Composiciones que buscan exclusivamente la disonancia (dodecafonismo) o composiciones donde se emplea el ruido (futurismo) se complementan con el empleo de instrumentos electrónicos (música electrónica), haciendo que *se abandonen las texturas tradicionales*, dejándo de emplearse en las composiciones de esta época.

Proyección 7

pág. 110

**Realiza las cuestiones planteadas en el CUADERNO DE ACTIVIDADES.**

# BLOQUE 4 CREACIÓN MUSICAL

## INTERVALOS MELÓDICOS E INTERVALOS ARMÓNICOS

Recuerda que llamamos **intervalo** a la distancia que hay entre dos notas y que esa distancia se mide contando las notas que hay desde la primera a la última (ambas incluidas) indicándose mediante un número ordinal. Por otro lado, según la dirección de los sonidos, los intervalos pueden ser **ascendentes** o **descendentes.**

Por ejemplo, el intervalo que hay de MI a SI es de 5ª ascendente.

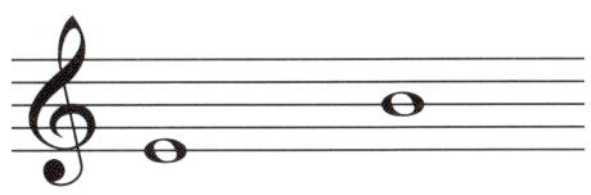

5ª ascendente

=

1ª 2ª 3ª 4ª 5ª

Cuando los sonidos suenan de forma consecutiva se les llama **intervalos melódicos**; es el caso de los intervalos anteriores. Pero, a veces, los sonidos suenan de forma simultánea, es decir, a la vez, en ese caso reciben el nombre de **intervalos armónicos**.

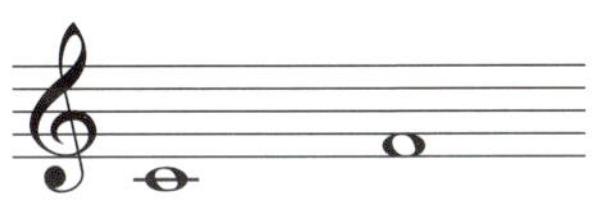

4ª ascendente

4ª (no se califican de ascendentes o descendentes, ya que suenan de forma simultánea)

## LA ARMONÍA

La armonía surge a partir de los intervalos armónicos, es decir, cuando suenan varios sonidos a la vez.

### INSTRUMENTOS MELÓDICOS Y POLIFÓNICOS (ARMÓNICOS)

Si te fijas en los instrumentos, hay algunos que solo pueden hacer intervalos melódicos, por ejemplo, la flauta y el clarinete, por eso reciben el nombre de **instrumentos melódicos**. Sin embargo, hay otros que pueden hacer armonía, es decir, pueden emitir varios sonidos a la vez, por ejemplo, el piano y la guitarra, recibiendo el nombre de **instrumentos polifónicos**.

### ACORDES

Los acordes son varios sonidos que suenan de forma simultánea (al menos tres) y habitualmente sirven para acompañar canciones y melodías. Habrás observado que una canción suena mejor cuando es acompañada por una guitarra o por un piano. La razón es porque estos instrumentos tocan los acordes adecuados en cada momento para que el acompañamiento suene bien.

#### ¿Cómo se forman los acordes?

Un acorde está formado por al menos tres notas superpuestas a distancia de 3ª.

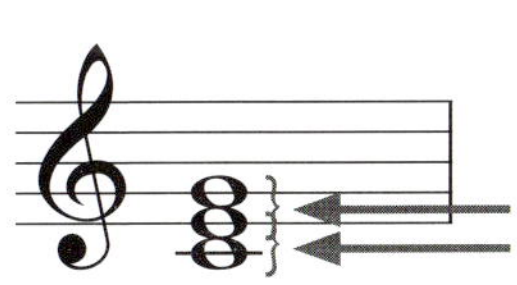

MI-SOL = 3ª
DO-MI = 3ª

### LA NOTA FUNDAMENTAL DE UN ACORDE

La nota generadora del acorde se llama fundamental y es *la primera y más grave* de las tres. A partir de esta se colocan sonidos a distancia de 3ª y de forma vertical.

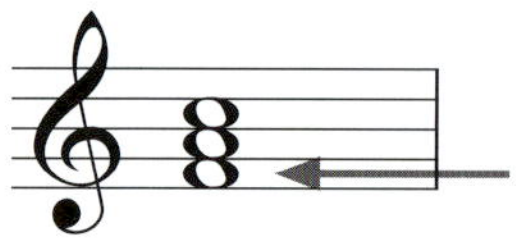

La nota fundamental de este acorde es el FA

Habrás observado alguna vez que hay textos de canciones que llevan unas letras escritas que indican la nota fundamental de un acorde. Por tanto, si tocas la guitarra, el piano u otro instrumento polifónico, podrás acompañar la canción con ayuda de esas indicaciones, ya que sabrás el acorde que debes tocar en cada momento de la canción.

Observa un ejemplo de una conocidísima canción de Antonio Flores llamada *No dudaría:*

**Do**
Si pudiera olvidar todo aquello que fui
**Sol**
Si pudiera borrar todo aquello que vi
**Fa** **Sol** **Do**
no dudaría, no dudaría en volver a reír.

**Do**
Si pudiera explicar las vidas que quité
**Sol**
si pudiera quemar las almas que usé
**Fa** **Sol** **Do**
no dudaría, no dudaría en volver a reír.

**Fa** **Sol**
Prometo ver la alegría,
**Do** **Lam**
escarmentar de la experiencia,
**Fa** **Sol** **Do**
pero nunca, nunca más usar la violencia.

**Realiza las cuestiones planteadas en el CUADERNO DE ACTIVIDADES.**

**págs. 111-113**

## BLOQUE 5 INTERPRETACIÓN MUSICAL

En este bloque se plantearán actividades instrumentales de tipo melódico que te ayudarán a abordar con éxito las interpretaciones que te propondremos.

### PRÁCTICA INSTRUMENTAL

**Practicamos el DO sostenido**

PRÁCTICA 18

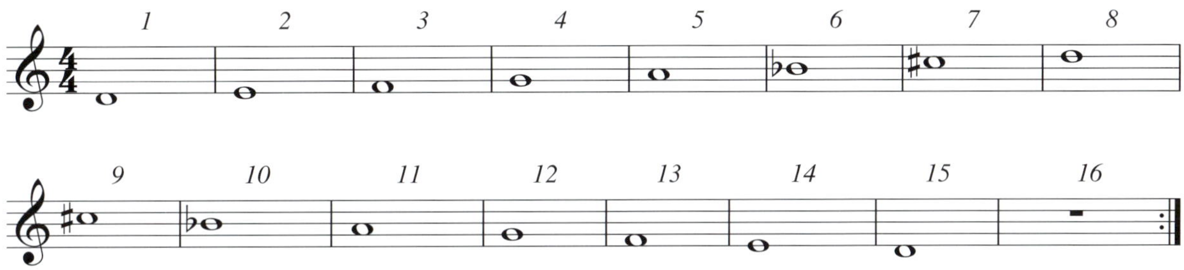

PRÁCTICA 19

# Chim Chim Cher-ee

R. y B. Sherman

Flauta 1

Flauta 2

# Chim Chim Cher-ee

R. y B. Sherman

# Grease

W. Casey

FLAUTA 22

FLAUTA 23

Esta obra de Erik Satie pertenece al Impresionismo, período en el que los compositores buscan nuevas vías sonoras a través de un nuevo lenguaje musical próximo a las técnicas de la pintura impresionista, donde a manera de pequeñas pinceladas sonoras, los acordes crean una atmósfera cromática que fluye continuamente entre el tiempo y el espacio.

## Gymnopédie

E. Satie

# 9. Estructuras musicales

## La forma

En la anterior unidad, hemos conocido los distintos tipos de texturas que podemos encontrar en música y, para que las pudieses comprender, te explicábamos que una canción es como un edificio.

Pues bien, de la misma manera que un edificio cuando está terminado presenta una forma concreta, con la música ocurre algo parecido.

Imagina que una canción es como un edificio en el que tienen cabida todos los elementos que hemos estudiado en las unidades anteriores (ritmo, melodía, armonía, instrumentación...) y que el compositor combina y organiza dándoles forma para expresar aquello que desea transmitir.

En esta unidad conocerás los recursos de los que se vale el compositor, para conseguir que una creación musical resulte atractiva al oyente y cuáles son las estructuras musicales más empleadas en la composición musical.

## BLOQUE 1 CONTEXTO MUSICAL

La **forma musical** es el medio del que el compositor se vale para organizar y estructurar las ideas musicales en el tiempo, de acuerdo con un principio estético.

La música, como el teatro o el cine, es un arte temporal que necesita obligatoriamente desarrollarse en el tiempo.

Ya sabes que el sonido es *la materia prima* con el que se *fabrica* la música. El hecho de que se trate de un material intangible que se desvanece en el tiempo y que no permite volver atrás para volver a escucharlo hace que la música se diferencie de otras artes atemporales que, como la pintura o la escultura, emplean materiales sólidos que permanecen en el tiempo y que pueden ser observados en cualquier momento.

Por eso, para poder comprender una *forma musical*, es necesario contar con dos cosas:

***a) Tiempo:*** para que la forma musical se desarrolle.

***b) Memoria:*** para poder retener los temas musicales tal y como vayan apareciendo, y así poder reconocerlos cuando vuelvan a escucharse.

## LA FORMA MUSICAL COMO ESTRUCTURA

Aunque a veces no seas consciente, en la música que escuchas habitualmente también está presente la forma. El compositor estructura sus ideas musicales de manera precisa para poder reflejar de manera coherente su pensamiento musical.

Se trata de una organización claramente definida, que en muchísimas ocasiones, y sobre todo dentro de la música actual, suele emplear los siguientes elementos:

***a) Introducción:*** se trata de un fragmento musical más o menos extenso que aparece al principio y que presenta al oyente el carácter que tendrá la canción.

***b) Estrofa:*** es la parte que sirve al compositor para plantear e ir avanzando el argumento de la canción. Suelen aparecer varias estrofas con una letra diferente pero sobre la misma música y seguirle el estribillo.

***c) Estribillo:*** es la parte que más veces aparece a lo largo de la canción. El compositor busca para ella un carácter pegadizo que permita identificarla rápidamente y que refleje el mensaje general de la canción.

***d) Puente:*** es la parte musical que emplea el compositor para unir la estrofa con el estribillo.

***e) Solo:*** es un fragmento musical en el que un instrumento realiza una melodía.

***f) Coda:*** parte final que sirve para acabar la canción.

Ahora nos vamos a poner en la piel de un compositor y vamos a ver a través del análisis de la canción *No dudaría,* como el cantante *Antonio Flores* juega con alguno de los elementos que te hemos explicado anteriormente.

***a) Introducción:*** fíjate en esta parte. Se trata de un fragmento musical (no demasiado extenso) interpretado por el piano, que aparece al principio y que presenta el carácter visceral y apasionado que tendrá la canción: un grito desesperado contra violencia y la destrucción personal por el consumo de drogas.

**Audición 17**

***b) Estrofa 1:*** en ella se cuenta el argumento de la canción, apareciendo distintas letras sobre la misma música:

Si pudiera olvidar todo aquello que fui
Si pudiera borrar todo lo que yo vi
No dudaría, no dudaría en volver a reír

Si pudiera explicar las vidas que quite
Si pudiera quemar las armas que use
No dudaría, no dudaría en volver a reír

**Audición 18**

***c) Estribillo:*** es la parte que más veces aparece a lo largo de la canción y viene a continuación de la estrofa anterior. Fíjate como tiene un carácter pegadizo que permite reconocerla inmediatamente:

Prometo ver la alegría
escarmentar de la experiencia
pero nunca, nunca más
usar la violencia

**Audición 19**

***d) Puente:*** es la parte musical que se emplea en este caso para unir la estrofa con el estribillo.

**Audición 20**

***e) Estrofa 2*:** de nuevo se relata el argumento de la canción, apareciendo en este ocasión una letra distinta a la aparecida en la estrofa 1, aunque sobre la misma música:

Si pudiera sembrar los campos que arrasé
Si pudiera devolver la paz que quité
No dudaría, no dudaría en volver a reír

Si pudiera olvidar aquel llanto que oí
Si pudiera lograr apartarlo de mí
No dudaría, no dudaría en volver a reír

**Audición 21**

***f) Estribillo:*** presentada a continuación de la estrofa anterior, se reconoce fácilmente por su carácter pegadizo.

Prometo ver la alegría
escarmentar de la experiencia
pero nunca, nunca más usar la violencia

**Audición 22**

***g) Coda:*** es la parte musical que sirve para terminar la canción.

**Audición 23**

## TÉCNICAS DE COMPOSICIÓN

En primer lugar, has de saber que **para representar la estructura de una obra musical se utilizan las letras del abecedario**. Así, el primer tema que aparezca estará representado por la letra **A**; si el tema siguiente es diferente (contrastante), se le asignará la letra **B** y si es parecido (variación) será identificado con **A'**.

Cuando se da forma a una composición musical hay un elemento básico que tiene sentido por sí mismo y que es empleado por el compositor en distintas partes: estrofas, estribillos...: el **tema**, **un fragmento musical característico claramente reconocible**. Un ejemplo lo encontramos en la canción *Carros de fuego* del compositor *Vangelis*:

**Partitura tema (A)** ***Carros de fuego***

**Audición 24** **Partitura tema (A)** ***Carros de fuego***

Puedes imaginar que para conseguir dar forma a una composición musical, el compositor utiliza una serie de *técnicas de composición*, algunas de ellas muy complejas. Nosotros te mostraremos de manera reducida algunas de las más básicas y fundamentales:

### La repetición

Consiste en repetir varias veces el mismo tema, de manera que el oyente consiga memorizarlo y, por tanto, reconocerlo cuando aparezca nuevamente durante la audición. Con ello se consigue dar unidad a la obra y resaltar más los cambios que aparecerán. En este caso y cuando la repetición es idéntica se indicará con las letras **(A) – (A)...**, tantas veces como el tema se repita.

**Partitura tema (A) con repetición** ***Carros de fuego***

TEMA A

REPETICIÓN

**Audición 25** **Tema (A) con repetición** ***Carros de fuego***

## El contraste

Mediante este sistema, el compositor presenta un tema completamente nuevo **(B)** que "choca", rítmica o melódicamente, con otro que ha aparecido anteriormente **(A)**.

**Partitura tema contrastante (B)** *Carros de fuego*

**Audición 26** **Tema contrastante (B)** *Carros de fuego*

## La variación

Este recurso compositivo consiste en la repetición de un tema, pero efectuando una serie de modificaciones melódicas y/o rítmicas, cambiando notas o empleando figuras de mayor duración (ampliación) o de menor duración (disminución). Su objetivo es compensar el recurso de la repetición y evitar que la música sea aburrida. En este caso, el tema variado se identifica con la misma letra (A) y con una ': **(A')**

**Partitura** *Je vous dirais maman* de W.A. Mozart

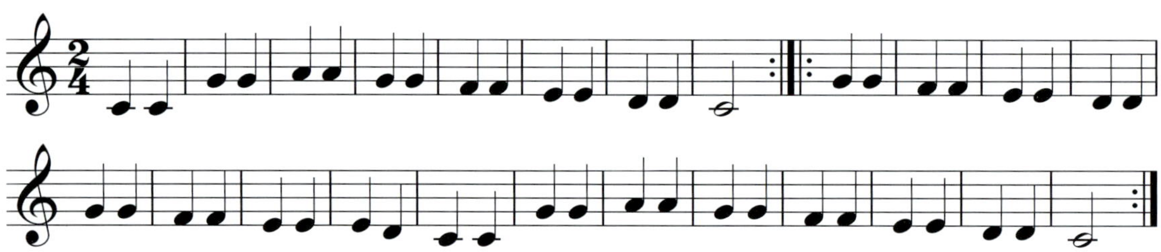

**Audición 27** **Tema ( A )** *Je vous dirais maman* de W.A. Mozart

**Audición 28** **Variación 1 tema ( A' )** *Je vous dirais maman* de W.A. Mozart

**Audición 29** **Variación 2 tema ( A'' )** *Je vous dirais maman* de W.A. Mozart

*(Como curiosidad te diremos que Mozart realizó hasta 12 variaciones de este tema)*

En ocasiones, a los recursos anteriores el compositor puede añadir un fragmento musical adicional:

**Introducción**

Se trata del fragmento musical que aparece al principio de la composición.

**Partitura introducción** *Carros de fuego*

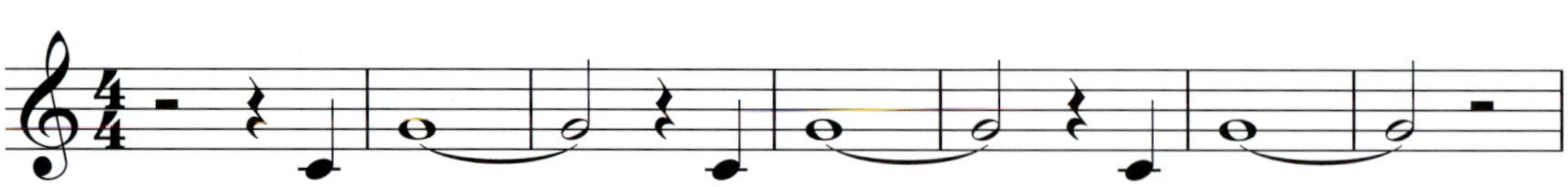

*Los sonidos incluidos en la partitura están interpretados por la trompa y es el fragmento que presenta la canción.

**Audición 30** **Introducción** *Carros de fuego*

## Coda

Es el fragmento musical que aparece al final de la obra y que da una sensación de conclusión o finalización.

**Partitura coda** *Carros de fuego*

**La coda en esta canción está basada en el final del tema , repitiéndose el último compás varias veces, dando así una mayor sensación de final.*

**Audición 31** ***Coda** Carros de fuego*

A continuación te presentamos una audición **completa** con todas las partes que te hemos explicado anteriormente:

**Audición 32** ***Audición completa***

INTRODUCCIÓN | A | B | A | B | CODA

## Formas clásicas

Ya has visto que la música necesita repetir alguno de sus temas para hacerse entender. Según la manera en que se combinen los temas y se enlacen los elementos nuevos con las repeticiones, obtendremos estructuras distintas que producirán *formas musicales* concretas:

**a) Forma primaria.** Es la más sencilla de las estructuras musicales. Consiste en la repetición de un mismo tema musical durante toda la canción, de manera que su estructura sería **A-A-A** tantas veces como estrofas aparezcan.

Proyección 1

**b) Forma binaria.** Este tipo de estructura se aplica a las obras que se dividen claramente en dos secciones. La más empleada es la que responde a **A-B**, donde las dos secciones son claramente contrastantes.

Proyección 2

**c) Forma ternaria.** Se trata del tipo de estructura musical más empleada a lo largo de la historia de la música y la encontramos en numerosas composiciones que como el vals, el minuet, la fantasía... Aunque existen más combinaciones posibles, la más empleada es la que presenta la estructura **A-B-A,** donde la sección B es distinta (contrastante) a las secciones A (idénticas).

Proyección 3

**d) Forma rondó.** Su nombre procede de la palabra francesa que significa *rueda* o *círculo* y en ella existe un tema A (estribillo) que se intercala, de forma sucesiva, entre otros temas diferentes (contrastantes entre sí), presentando la siguiente estructura: **A-B-A-C-A-D-A**

Proyección 4

Realiza las cuestiones planteadas en el CUADERNO DE ACTIVIDADES. **págs. 114-115**

Ahora que ya conoces los diversos aspectos relativos a la **forma musical**, vamos a distinguirlos auditivamente a través de algunos fragmentos musicales.

págs. 116-126

**Realiza las cuestiones planteadas en el CUADERNO DE ACTIVIDADES.**

## UNA CURIOSIDAD

En ningún otro período de la historia de la música se produce una ruptura tan radical como la que tiene lugar en el siglo XX. Ideas y planteamientos revolucionarios que nos conducirán a nuevas formas musicales.

Una prueba de esto lo encontramos en el estadounidense **John Cage**: filósofo, teórico musical, poeta, artista y pintor, plantea en sus composiciones el uso no estándar de instrumentos musicales, es decir, objetos de la vida cotidiana usados y combinados a modo de instrumentos, que dan como resultado una nueva forma musical.

Proyección 5

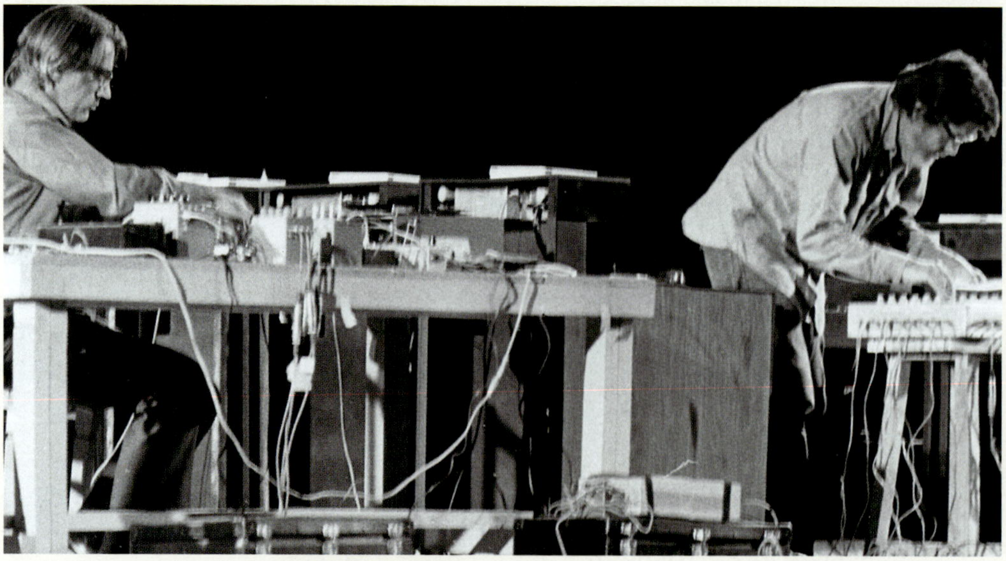

# BLOQUE 3 CONTEXTO CULTURAL

Ya has podido comprobar la importancia que tiene la técnica compositiva, dentro de la creación musical. Esto se ha traducido en formas musicales muy variadas a lo largo de la Historia, tal y como comprobarás a continuación.

## SIGLOS V-XIV

### ✓ En la Edad Media

Junto con las canciones populares profanas sencillas con estructura de forma primaria (A-A-A), encontramos canciones con estructura de forma ternaria (A-B-A) como el rondó o las cantigas donde hay una alternancia de estrofa y estribillo.

## SIGLOS XV-XVI

### ✓ En el Renacimiento

Formas musicales como el ***romance***, el ***madrigal*** o el ***villancico*** se unen a danzas italianas como la ***pavana***, (empleada en acontecimientos sociales muy importantes), o la ***tarantella***, con estructura binaria AA-B (a la cual se atribuía un poder curativo, ya que se creía que al bailarla se expulsaba el veneno de la picadura de la tarántula).

## 1600-1750

### ✓ En el Barroco

A las formas religiosas: ***oratorio***, ***cantata***, ***pasión***, se unen las profanas: la ***ópera***, la ***suite*** (colección de danzas con estructuras binarias (A-B), ternarias (A-B-A )..., el ***concerto grosso***, la ***sonata*** o la ***fuga*** (composición musical donde el compositor emplea el recurso compositivo de la imitación, ampliación o de la reducción).

## 1750-1800

### ✓ En el Clasicismo

Junto a la ***ópera***, el ***concierto***, la ***sinfonía***, es la forma ***sonata***, con la estructura ternaria (A-B-A) en su primer movimiento (Exposición–Desarrollo–Reexposición), el molde empleado para la mayor parte de la música instrumental.

## SIGLO XIX

### ✓ En el Romanticismo

El que el piano sea considerado el instrumento rey en esta época propicia la composición de numerosas formas pianísticas (***estudios, valses, polonesas, fantasías, impromptus, nocturnos...***), junto con formas como la ***ópera***, el ***lied***, la ***sinfonía*** o el ***poema sinfónico*** que describe mediante los sonidos un texto o una historia.

## SIGLO XX-XXI

### ✓ En el siglo XX y hasta la actualidad

Los compositores entienden que ninguna forma que haya existido anteriormente es válida para expresar sus ideas musicales. Como consecuencia se busca romper con la simetría de las estructuras anteriores, primando en esta época, el gusto por las formas libres.

Proyección 6

pág. 127

**Realiza las cuestiones planteadas en el CUADERNO DE ACTIVIDADES.**

## TRESILLOS

### GRUPOS DE VALORACIÓN IRREGULAR

Se trata de grupos de figuras que tienen una duración distinta (mayor o menor) al compás en que se encuentran, y que son frecuentemente utilizados para dar una mayor variedad rítmica en las composiciones.

Existen una gran cantidad de grupos de valoración irregular: dosillo, tresillo, cuatrillo, quintillo, seisillo, septillo, etc., ya que en la evolución de la música la rítmica se ha ido haciendo cada vez más compleja y variada. En esta unidad nos centraremos en el tresillo.

### EL TRESILLO

El tresillo consiste en tres figuras agrupadas (⌐3¬) que tienen el valor de dos figuras de su misma clase.

El tresillo de corcheas tiene el mismo valor que dos corcheas

El tresillo de negras tiene el mismo valor que dos negras

El tresillo de blancas tiene el mismo valor que dos blancas

De acuerdo a los ejemplos anteriores, donde nos encontremos un tresillo, se podrá sustituir por dos figuras de su misma clase, y a la inversa.

Ejemplo de sustitución de 2 corcheas por un tresillo de corcheas.

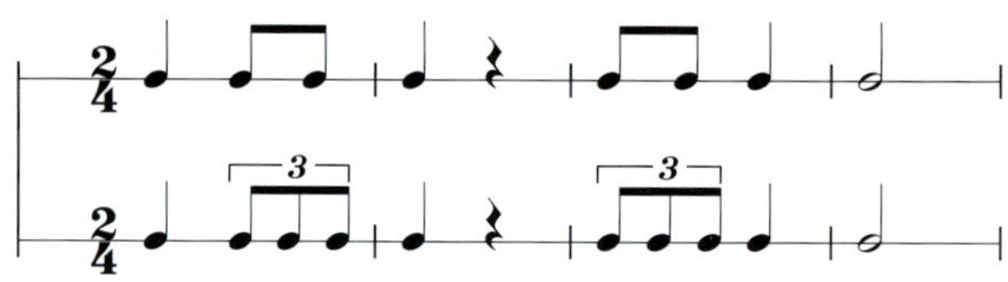

Ejemplo de sustitución de 2 negras por un tresillo de negras.

Ejemplo de sustitución de 2 negras por un tresillo de negras.

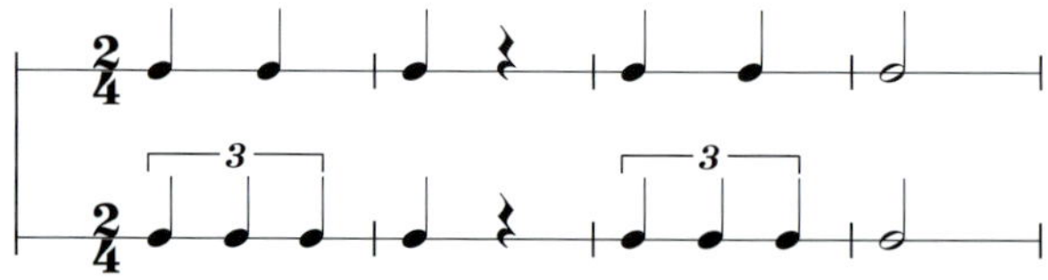

En la canción *Carros de fuego* que interpretarás con la flauta, comprobarás que aparecen los tresillos de corchea, con los que el compositor logra crear una sensación rítmica diferente, ya que a pesar de estar escrita en un compás simple $\frac{4}{4}$, en los momentos donde aparecen los tresillos la sensación es de estar en un compás compuesto $\frac{12}{8}$

**Realiza las cuestiones planteadas en el CUADERNO DE ACTIVIDADES.** **págs. 128-129**

# BLOQUE 5 INTERPRETACIÓN MUSICAL

En este bloque se plantearán actividades instrumentales de tipo melódico que te ayudarán a abordar con éxito las interpretaciones que te propondremos.

## PRÁCTICA INSTRUMENTAL

### Practicamos el Fa agudo

PRÁCTICA 20

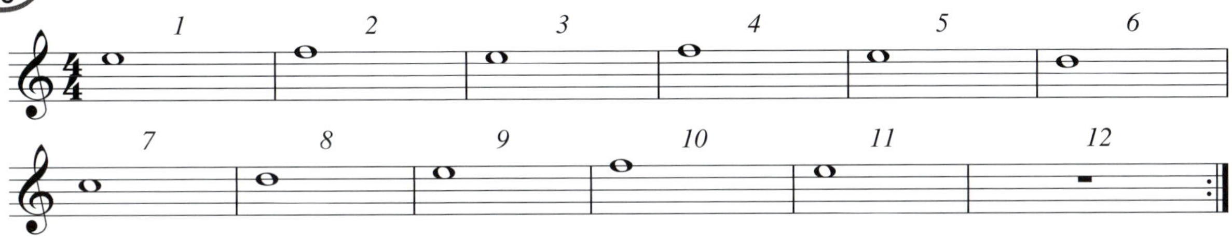


PRÁCTICA 21

# *La vida es bella*

*Nicola Piovani*

**Flauta 1**

**Flauta 2**

# *La vida es bella*

*Nicola Piovani*

FLAUTA 25

# Carros de fuego

Vangelis

FLAUTA 26

Esta obra del compositor ruso Igor Stravinsky pertenece al siglo XX, y ya sabes que en este siglo los compositores consideran que ninguna forma musical que haya existido anteriormente puede ser válida para expresar las nuevas ideas musicales. Un ejemplo de ello es esta pieza compuesta originariamente para piano y que después Stravinsky orquestó para un pequeño grupo de instrumentos (de ahí su nombre).

## Suite nº 1 para Pequeña Orquesta

I. Stravinsky

## AUDICIONES

CD 1

**Unidad 1**

- **Audición 1** *Es la noche del amor*, Elton John
- **Audición 2** *Psicosis*, Bernard Hermann
- **Audición 3** *Zoom and Bored*, C. Stalling
- **Audición 4** *Carmina Burana*, Carl Orff
- **Audición 5** *Grease*, John Travolta
- **Audición 6** *Piratas del Caribe*, Klaus Badelt
- **Audición 7** *El exorcista*, K. Penderecki
- **Audición 8** *En un mercado persa*, A. W. Ketelbey

**Unidad 2**

- **Audición 9** *Oh Happy Day*, Edwin Hawkins
- **Audición 10** *Saeta*, José Mercé
- **Audición 11** *La Nuit*, Bruno Colais
- **Audición 12** *Hillside Avenue*, Simply Red
- **Audición 13** *El aprendiz de brujo*, Paul Dukas
- **Audición 14** *Sinfonía 40*, Wolfgang Amadeus Mozart
- **Audición 15** *Muñeira*, Popular
- **Audición 16** *La vida es bella*, Nicola Piovani
- **Audición 17** *West Side Story*, Leonard Bernstein
- **Audición 18** *El Almendro vuelve por Navidad*, Agencia Asterisco
- **Audición 19** *Jingle Bells*, James Pierpont
- **Audición 20** *La flauta màgica*, Wolfgang Amadeus Mozart
- **Audición 21** *Titanic*, James Horner
- **Audición 22** *Mercedes Benz*
- **Audición 23** *Sinfonía nº 7*, Ludwing van Beethoven
- **Audición 24** *La Primavera*, Antonio Vivaldi

**Unidad 3**

- **Audición 25** *Night Train*, Travis Wammack
- **Audición 26** *Night Train*, James Brown
- **Audición 27** *Night Train*, Bert Kaempfert
- **Audición 28** *Sinfonía nº 1*, Gustav Mahler
- **Audición 29** *Adagio para cuerdas*, Tomaso Albinoni / Remo Giazzotto
- **Audición 30** *Ghost*, Alex North-Maurice Jarre
- **Audición 31** *The Flintstones*, David Newman
- **Audición 32** *El vuelo del moscardón*, Nikolái Rimski-Korsakov
- **Audición 33** *Danza del molinero*, Manuel de Falla
- **Audición 34** *Abdelazer*, Henry Purcell
- **Audición 35** *Syrinx*, Claude Debussy
- **Audición 36** *Beging*, Ricard Beltrán
- **Audición 37** *Adagio para cuerdas*, Remo Giazotto
- **Audición 38** *Danza del sable*, Aram Kachaturian
- **Audición 39** *Blanca Navidad*, Irving Berlin
- **Audición 40** *En la cueva del rey de la montaña*, Edvard Grieg
- **Audición 41** *House*, Ricard Beltrán
- **Audición 42** *Live*, Ricard Beltrán

CD 2

**Unidad 4**

- **Audición 1** *Marcha Radetzsky*, Johann Strauss
- **Audición 2** *Peter Gunn*, Henry Mancini
- **Audición 3** *You Ain't the First*, Guns N'Roses

**Audición 4** *La conquista del paraíso*, Vangelis
**Audición 5** *Kraken*, Chris Hazell
**Audición 6** *Marcha militar*, Franz Schubert
**Audición 7** *When a Man Loves a Woman*, Michael Bolton
**Audición 8** *Alla turca*, Wolfgang Amadeus Mozart
**Audición 9** *Gladiator*, Hans Zimmerman
**Audición 10** *We Are the Champions*, Freddy Mercury

**Unidad 5**

**Audición 11** *La caja china*, Wayne Wang
**Audición 12** *F.I.S.T.*, Norman Jewison
**Audición 13** *El honor de los Prizzi*, John Huston
**Audición 14** *Los tres días del cóndor*, Sydney Pollack
**Audición 15** *O Fortuna Imperatrix Mundi*, Adap. Carl Off
**Audición 16** *Le Quattro Stagioni*, Antonio Vivaldi
**Audición 17** *Gladiator*, Hans Zimmer
**Audición 18** *Gymnopédie*, Erik Satie
**Audición 19** *Danza del molinero*, Manuel de Falla
**Audición 20** *Obertura 1812*, Piotr Illych Tchaikovski
**Audición 21** *La muerte de Aase*, Edvard Grieg
**Audición 22** *Danza de los adolescentes*, Igor Stravinski
**Audición 23** *Heart-Shaped Box*, Nirvana
**Audición 24** *Yes, Speak Out*, Cristobal Halfter
**Audición 25** *Adagio*, Samuel Barber
**Audición 26** *Obladi oblada*, The Beatles
**Audición 27** *Concierto de Brandemburgo*, Johann Sebastian Bach
**Audición 28** *Danza de la molinera*, Manuel de Falla

**Unidad 6**

**Audición 29** *Higway to Hell*, ACDC
**Audición 30** *Sex Bomb*, Tom Jones
**Audición 31** *Hello Dolly*, Louis Armstrong
**Audición 32** *I Wanna Be Loved by You*, Marilyn Monroe
**Audición 33** *Pouple meus*, Tomas Luis de Victoria
**Audición 34** *Zadok the Priest*, George Friederich Haendel
**Audición 35** *Amen*, Tradicional afro-americana
**Audición 36** *Do-re-mi*, R. Rotgers
**Audición 37** *9ª Sinfonía*, L. Van Beethoven
**Audición 38** *Los bateleros del Volga*, Anónimo
**Audición 39** *Malinconia, ninfa gentile*, V. Bellini
**Audición 40** *Die Forelle*, F. Schubert
**Audición 41** *Blow the Wind Southerly*, Anónimo
**Audición 42** *Aleluya*, George Friederich Haendel

CD 3

**Unidad 6**

**Audición 1** *Crystallize*, Lindsey Stirling
**Audición 2** *El cisne* del Carnaval de los animales, Camille Saint-Saëns
**Audición 3** *El elefante* del Carnaval de los animales, Camille Saint-Saëns
**Audición 4** *Romance*, Anónimo
**Audición 5** *Fantasía*, Anónimo
**Audición 6** *Zarabanda*, George Friederick Haendel
**Audición 7** *Para Elisa*, Ludwig van Beethoven
**Audición 8** *La casa del rey*, Ñu
**Audición 9** *Pedro y el lobo (el gato) Op. 67*, Sergei Prokófiev

| | |
|---|---|
| **Audición 10** | *Pedro y el lobo (el pato) Op. 67*, Sergei Prokófiev |
| **Audición 11** | *Pedro y el lobo (el abuelo) Op. 67*, Sergei Prokófiev |
| **Audición 12** | *La pantera rosa*, Henry Mancini |
| **Audición 13** | *Concierto en Mib mayor*, Franz Joseph Haydn |
| **Audición 14** | *Lassus*, Larry Clark |
| **Audición 15** | *Pedro y el lobo (el lobo) Op. 67*, Sergei Prokófiev |
| **Audición 16** | *Bass* |
| **Audición 17** | *Toccata y fuga en Re menor*, Johann S. Bach |
| **Audición 18** | *La Valse d'Amelie*, Yann Tiersen |
| **Audición 19** | *School*, Supertramp |
| **Audición 20** | *Percusión determinada* |
| **Audición 21** | *Fósiles*, Camille Saint-Saëns |
| **Audición 22** | *Percusión indeterminada* |

**Unidad 7**

| | |
|---|---|
| **Audición 23** | Instrumento |
| **Audición 24** | Instrumento |
| **Audición 25** | Instrumento |
| **Audición 26** | Instrumento |
| **Audición 27** | Instrumento |
| **Audición 28** | Instrumento |
| **Audición 29** | Instrumento |
| **Audición 30** | Instrumento |
| **Audición 31** | Instrumento |
| **Audición 32** | Instrumento |
| **Audición 33** | Instrumento |
| **Audición 34** | Sonidos |
| **Audición 35** | Sonidos |
| **Audición 36** | *When I'm Gone*, Eminem |
| **Audición 37** | *Barcarola*, Jacques Offenbach |
| **Audición 38** | *Los burros* del Carnaval de los animales, Camille Saint-Saëns |
| **Audición 39** | *Escala*, Saxofón |
| **Audición 40** | *Ionisation*, Edgar Varèse |
| **Audición 41** | *En la mañana de Peer Gynt*, Edvard Grieg |
| **Audición 42** | *Variaciones para piano*, Anton Webern |
| **Audición 43** | *Tres puertas*, Extrechinato y tú |
| **Audición 44** | *Pianistas* del Carnaval de los animales, Camille Saint-Saëns |
| **Audición 45** | *Variaciones para una puerta y un suspiro*, Pierre Henry |
| **Audición 46** | Melodía exótica |
| **Audición 47** | Melodía exótica |
| **Audición 48** | Melodía exótica |
| **Audición 49** | Melodía exótica |
| **Audición 50** | Melodía exótica |

CD 4

**Unidad 8**

| | |
|---|---|
| **Audición 1** | *I Will Always Love You*, Dolly Parton |
| **Audición 2** | *Veni Sancte Spiritus*, Anónimo |
| **Audición 3-4** | *Muito debemos varoes*, Alfonso X El Sabio |
| **Audición 5** | *Lungisa Indlela*, Ladysmith Black Mambazo |
| **Audición 6** | *Bohemian Rhapsody*, Freddie Mercury |
| **Audición 7** | *Imagine*, John Lennon |
| **Audición 8** | *Aleluya*, George Friedrich Haendel |
| **Audición 9** | *We Will Rock You*, Brian May |
| **Audición 10** | *Chim Chim Cher-ee*, Richard M. Y Robert B. Sherman |

**Audición 11** *Amen*, Otis Redding
**Audición 12** *Lomhlaba Kawunoni*, Ladysmith Black Mambazo
**Audición 13** *Lágrimas de mi consuelo*, Juan Vázquez
**Audición 14** *Nas mentes*, Alfonso X El Sabio
**Audición 15** *Memorias*, P. Iturralde
**Audición 16** *Summer Night*, Warren Casey

**Unidad 9**

**Audición 17** *No dudaría* (Introducción), Antonio Flores (Libro del Alumno)
**Audición 18** *No dudaría* (Estrofa 1), Antonio Flores (Libro del Alumno)
**Audición 19** *No dudaría* (Estribillo), Antonio Flores (Libro del Alumno)
**Audición 20** *No dudaría* (Puente), Antonio Flores (Libro del Alumno)
**Audición 21** *No dudaría* (Estrofa 2), Antonio Flores (Libro del Alumno)
**Audición 22** *No dudaría* (Estribillo), Antonio Flores (Libro del Alumno)
**Audición 23** *No dudaría* (Coda), Antonio Flores (Libro del Alumno)
**Audición 24** *Carros de fuego* (Tema A), Vangelis (Libro del Alumno)
**Audición 25** *Carros de fuego* (Tema A con repetición), Vangelis (Libro del Alumno)
**Audición 26** *Carros de fuego* (Tema Contrastante B), Vangelis (Libro del Alumno)
**Audición 27** *Je vous dirais maman* (Tema A), W. A. Mozart (Libro del Alumno)
**Audición 28** *Je vous dirais maman* (Variación 1 Tema A), W. A. Mozart (Libro del Alumno)
**Audición 29** *Je vous dirais maman* (Variación 2 Tema A), W. A. Mozart (Libro del Alumno)
**Audición 30** *Carros de fuego* (Introducción), Vangelis (Libro del Alumno)
**Audición 31** *Carros de fuego* (Coda), Vangelis (Libro del Alumno)
**Audición 32** *Audición completa* (Libro del Alumno)
**Audición 33** *Imagine*, John Lennon
**Audición 34** *Música acuática* (Primer tema), Georg Friederich Haendel
**Audición 35** *Música acuática* (Segundo tema), Georg Friederich Haendel
**Audición 36** *Música acuática* (Audición completa), Georg Friederich Haendel
**Audición 37** *Sinfonía nº 94 en Sol Mayor* (Primer fragmento), Joseph Haydn
**Audición 38** *Sinfonía nº 94 en Sol Mayor* (Segundo fragmento), Joseph Haydn
**Audición 39** *Sinfonía nº 94 en Sol Mayor* (Tercer fragmento), Joseph Haydn
**Audición 40** *Canario* (Primer fragmento), Cesari Negri
**Audición 41** *Canario* (Segundo fragmento), Cesari Negri
**Audición 42** *Canario* (Tercer fragmento), Cesari Negri
**Audición 43** *Canario* (Obra completa), Cesari Negri
**Audición 44** *Minueto* (Primer tema), Georg Friederich Haendel
**Audición 45** *Minueto* (Segundo tema), Georg Friederich Haendel
**Audición 46** *Minueto* (Obra completa), Georg Friederich Haendel
**Audición 47** *Fósiles* (Primer tema), Camile Saint-Säens
**Audición 48** *Fósiles* (Segundo tema), Camile Saint-Säens
**Audición 49** *Fósiles* (Obra completa), Camile Saint-Säens
**Audición 50** *Abdelazer* (Primer tema), Henry Purcell
**Audición 51** *Abdelazer* (Segundo tema), Henry Purcell
**Audición 52** *Abdelazer* (Tercer tema), Henry Purcell
**Audición 53** *Abdelazer* (Obra completa), Henry Purcell
**Audición 54** *El cisne* (Primer tema), Camile Saint-Säens
**Audición 55** *El cisne* (Obra completa), Camile Saint-Säens
**Audición 56** *Un vesper de ball de màscares* (Primer tema), Camile Saint-Säens
**Audición 57** *Un vesper de ball de màscares* (Obra completa), Camile Saint-Säens
**Audición 58** *Els toreadors* (Primer tema), George Bizet
**Audición 59** *Els toreadors* (Segundo tema), George Bizet
**Audición 60** *Els toreadors* (Tercer tema), George Bizet
**Audición 61** *Els toreadors* (Obra completa), George Bizet
**Audición 62** *La vida es bella*, Nicola Piovani

# TABLA DE POSICIONES EN LA FLAUTA DULCE

## SOPRANO Y TENOR

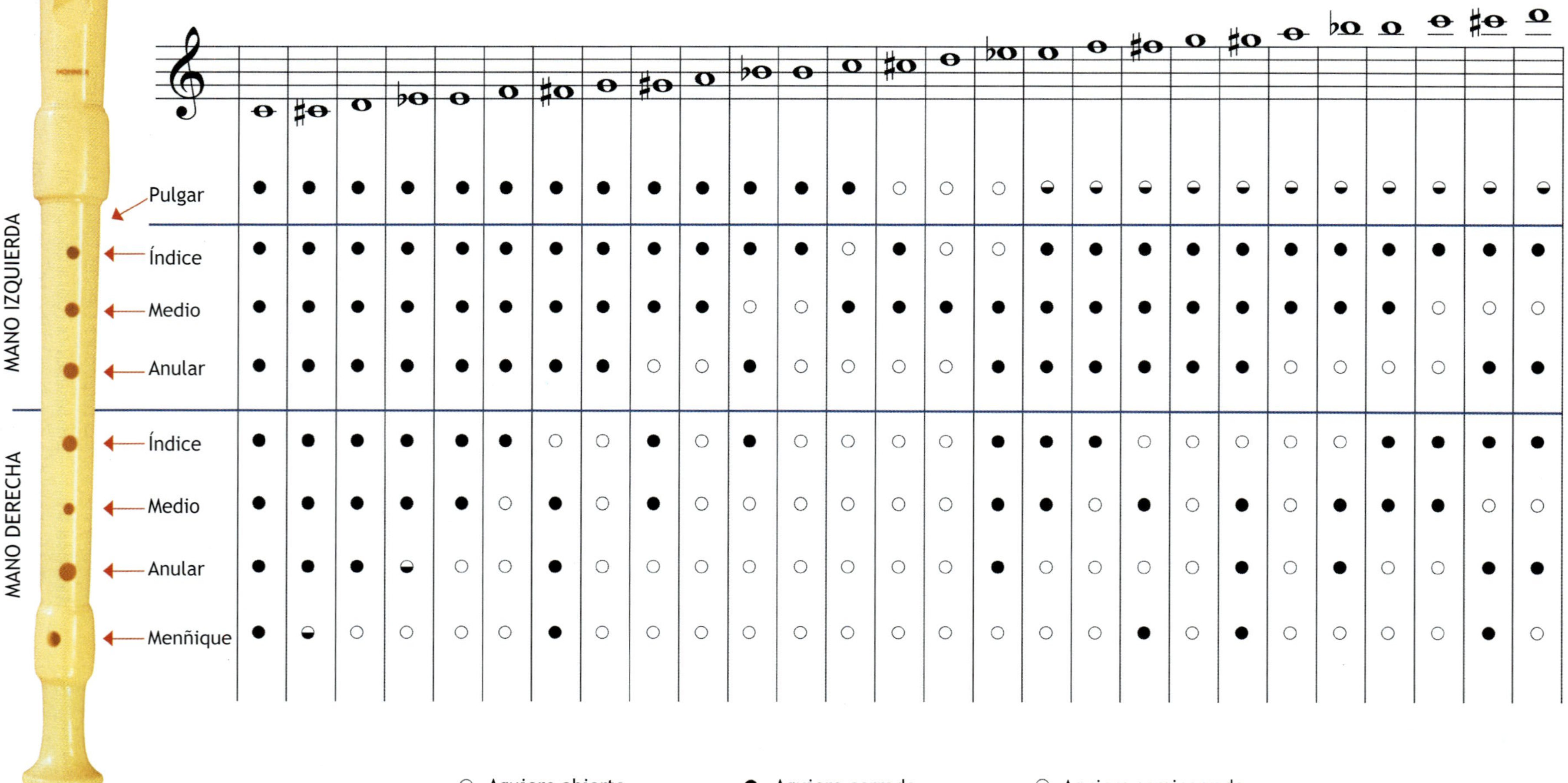


○ Agujero abierto ● Agujero cerrado ◒ Agujero semicerrado